Por que o pão sempre cai com a manteiga para baixo

Richard Robinson

Por que o pão sempre cai com a manteiga para baixo

Tradução
Vitória Mantovani

BestSeller

CIP-BRASIL. CATALOGAÇÃO-NA-FONTE
SINDICATO NACIONAL DOS EDITORES DE LIVROS, RJ

R556p Robinson, Richard
Por que o pão sempre cai com a manteiga para baixo / Richard Robinson; [ilustrações de Kate Charlesworth; tradução de Vitória Mantovani. – Rio de Janeiro: Best*Seller*, 2007.
il.;

Tradução de: Why the toast always lands butter-side down
ISBN: 978-85-7684-086-2

1. Murphy, Lei de. 2. Acaso. 3. Avaliação de riscos. 4. Probabilidades I. Título.

07-0687 CDD: 123.3
CDU: 123.11

Título original inglês
WHY THE TOAST ALWAYS LANDS BUTTER-SIDE DOWN

Ilustrações de Kate Charlesworth

Capa: Glenda Rubinstein
Diagramação: ô de casa

Impresso no Brasil

ISBN 978-85-7684-086-2

Sumário

Agradecimentos

Contribuíram para este livro quase todas as pessoas que conheço, e muitos objetos inanimados com os quais cruzei de passagem. Em especial, Rory Fidgeon e Sam Hutton, pela completa revisão, e Bill Parish, pela matemática. Thirzie, Philip, Judy e Leonie, em um ou outro momento, tiveram de me agüentar enquanto eu batalhava. Todo o meu respeito a eles.

Prefácio: A Lei de Murphy

Lei das leis, a Lei de Murphy destaca-se acima de todas as outras como um convidado indesejado no banquete. Qualquer que seja o seu campo de atividade, a Lei de Murphy lá está para lhe passar uma rasteira, para atrasá-lo ou frustrá-lo. Quanto maior o esforço empreendido, maior a rasteira.

QUALQUER COISA QUE PODE
DAR ERRADO VAI DAR ERRADO

Como todas as grandes leis, esta é admiravelmente simples em sua formulação. Como todas as grandes leis, esta é, uma vez declarada, uma verdade auto-evidente. Quanto mais tempo você convive com ela, mais percebe o poder que exerce no planeta. Você não pode se esquivar dela. Não pode passar a manteiga no outro lado do pão. A Lei e seus estatutos o cercam por todos os lados.

QUALQUER COISA QUE PODE DAR ERRADO
VAI DAR ERRADO

QUALQUER TENTATIVA DE MELHORAR
AS COISAS SÓ AS PIORA

QUALQUER TENTATIVA DE NÃO FAZER NADA, PARA QUE
NADA DÊ ERRADO, VAI DAR ERRADO

Descobertas originalmente por técnicos que trabalhavam em testes de acidentes em uma base da força aérea, a Base Edwards, na Califórnia, Estados Unidos, em 1949, as Leis de Murphy espalharam-se rapidamente. Eram identificadas em toda parte: as pessoas subitamente reparavam na maneira como os ônibus sempre chegavam em três, em como precisavam desesperadamente de objetos que se tornavam invisíveis e nos componentes vitais que, se derrubados, rolavam para baixo dos armários mais pesados. A lista aumentou. Não apenas objetos, mas animais e pessoas engrossavam as listas: Nada dá certo quando tem alguém olhando? Assim que suas mãos estão ocupadas, o nariz começa a coçar? Isso acontece com todos nós.

Existe uma explicação racional? É isso que este livro irá fornecer. Na verdade, uma análise mais minuciosa das Leis de Murphy poderá nos dar alguns *insights* sobre nós mesmos e sobre a vida cada vez mais complicada que levamos.

MURPHY NO MUNDO MODERNO

A Lei de Murphy é cria do mundo moderno, com todas as suas desgastantes complexidades. Se você deseja encontrar uma época de inocência pré-Murphy, deve voltar muito tempo atrás, até a Idade da Pedra, por volta do ano 5000 a.C. Para ter uma idéia de como era a vida então, olhe pela janela e, em sua imaginação, faça desaparecer todas as casas e jardins, carros e ruas. Continue eliminando tudo até chegar ao leito de rocha. Em seguida, remova quase todas as pessoas. E imagine árvores. Muitas árvores. Acrescente alguns punhadinhos de cabras. Agora, você voltou à Era Paleolítica. Tudo o que nossos ancestrais possuíam era feito de pedaços de árvore, pedaços de pedra ou pedaços de cabra. Não há muito que se possa fazer com esse tipo de matéria-prima, tampouco há muito que possa dar errado. Então, os meus tata-tata-tata...tataravós raramente se deparavam com o sr. Murphy. E o mundo tinha sido o mesmo para os avós e os pais deles, remontando até o seu mais distante ancestral, o lêmure. Lêmures, macacos, chimpanzés e humanos evoluíram por milhares de anos para serem felizes nessa paisagem simples, imutável e agradavelmente despretensiosa.

Compare isso com a dissonância de hoje. Em apenas duas centenas de anos, os seres humanos modernos perfuraram abaixo das simples colinas pré-históricas para desencavar 92 elementos interessantes, que podem ser combinados para formar 9.292 tipos de exóticas moléculas, com as quais 9.292 x 9.292 bugigangas podem ser construídas, que podem causar 9.292 x 9.292 x 9.292 enlouquecedores problemas. A fim de abrigar as bugigangas, os seres humanos modernos espalharam condomínios, armazéns e centros de lazer por todos os campos de caça paleolíticos. No ano 2000 a.C. uma família média de dez pessoas podia viver, com todos os seus utensílios e brinquedos, num espaço não muito maior do que uma cozinha moderna. Atualmente, as pessoas no Ocidente costumam comprar uma segunda casa apenas para guardar a imensa quantidade de cacarecos sem os quais, elas afirmam, não conseguiriam viver. Da mesma forma, os simples sistemas tribais de quatro mil anos atrás foram esmagados pelas ricas e complexas texturas sociais no interior de nossas vastas cidades. As texturas sociais são conseqüência do gigantesco aumento de população. Toda a população humana da Idade da Pedra caberia dentro de uma cidade moderna de tamanho médio.

Percorremos um longo caminho desde a Idade da Pedra, mas não desenvolvemos nosso cérebro na mesma proporção. Nossa mente ainda se debate em sonhos paleolíticos. Onde a mente paleolítica se encontra com o mundo moderno, aí Murphy se instala. Como a nossa mente da Idade da Pedra reage à Era do Plástico? De forma completamente atordoada. Como pode testemunhar qualquer um que já observou um adulto tentar abrir uma tampa de remédio à prova de crianças, cada passo adiante no progresso nos leva a mais uma casca de banana de Murphy.

Este livro foi escrito para responder a duas perguntas: Por que os objetos inanimados fazem o que fazem? E por que os seres humanos ficam tão irritados com isso?

A parte final do livro trata dos objetos inanimados. Se estressar com objetos inanimados toma, segundo minha experiência, uma grande parte do dia. Mas pode ser muito tranqüilizador saber, quando mais uma vez a roupa sai da máquina de lavar cuidadosamente enfiada dentro da capa do edredom, que, de fato, existe uma explicação racional para isso. (Na verdade, as peças de roupa enfiadas dentro da capa do edredom podem nos levar a reflexões maiores sobre o Universo: por que o lixo nas ruas fica onde fica, por que o mar Sargaço é como é e por que os habitantes da cidade se mudam para o interior?) No Capítulo 8, há 80 explicações saudáveis para fenômenos desconcertantes, porém muito comuns. Mas isso faz aflorar a grande pergunta: Se existe uma explicação científica, por que ainda ficamos tão confusos com tudo?

A resposta está dentro de nós mesmos, pois, com muita freqüência, Murphy está nos olhos de quem vê. Nossa mente enxerga o mundo conspirando contra nós, quando o mundo é totalmente inocente. Portanto, a primeira parte do livro analisa como nosso cérebro nos ajuda a entender tudo de maneira tão terrivelmente errada.

O QUEBRA-CABEÇA

Entender o mundo é como armar um quebra-cabeça; nós olhamos as peças, checamos se combinam com a figura-guia na caixa e depois tentamos encaixá-las. Para o nosso quebra-cabeça mental, as "peças" são as mensagens que nossos sentidos enviam para o cérebro. A "figura-guia" são as expectativas e lembranças do cérebro usadas para analisar as mensagens. Encaixá-las é uma tarefa para o cérebro inteiro, e todos os três estágios são inundados com a influência maligna de Murphy.

Coisas que influenciam o quebra-cabeça mental.

O **Capítulo 1** analisa como os sentidos selecionam as peças do quebra-cabeça. No que se refere a quebra-cabeças, este quebra-cabeça sensorial é bastante complicado. A figura muda dez vezes a cada segundo (esta é a freqüência com que o cérebro atualiza a sua visão do mundo). Em segundo lugar, há 1 milhão de peças; 1 milhão de impulsos nervosos se avolumando na direção do nosso crânio a cada décimo de segundo. É uma enchente de peças de quebra-cabeça, e nós temos de colocá-las em ordem. O melhor que podemos fazer é agarrar algumas poucas enquanto passam em disparada, e tentar adivinhar o restante da figura a partir daquilo que conseguimos pegar.

No Capítulo 1, veremos o quanto é fácil fazer isso da maneira errada. Descobriremos algumas das técnicas que utilizamos para filtrar o *input*, tais como habituação e mecanismos de atenção.

As ilusões nos Capítulos 1 e 2 são deliberadamente destinadas a enviar as mensagens erradas, a fim de driblar os sentidos. Num laboratório (ou neste livro) podemos rir delas porque sabemos que estão chegando, mas lá fora nas ruas, onde não as esperamos, elas podem nos derrubar (literalmente, em alguns casos; estou falando como mais uma de milhões de pessoas que já deram de encontro com uma porta de vidro que não deveria estar onde estava). Muitas Leis de Murphy se originam de nossa simples incapacidade de ver o que está bem diante do nosso nariz.

Uma vez entendido que peças de quebra-cabeça nós temos, e depois de as ter mensurado (no **Capítulo 2**), nosso cérebro precisa descobrir o que elas significam. No **Capítulo 3,** iremos examinar o papel da "figura-guia": nossas lembranças. Em nosso quebra-cabeça mental, as visões e os cheiros da vida diária nos fornecem dicas que nos fazem ir em busca dos bancos de memória. Este pontinho é um olho? Aquela mancha azul é um pedaço de céu? Nossas lembranças nos dão uma idéia do que esperar. Mas, quando a Lei de Murphy está alerta e ativa, ignoramos os fatos e acreditamos na expectativa: tarde da noite, aquela sombra no canto do quarto pode nos fazer lembrar de uma figura humana. Será um ladrão? A Lei de Murphy diz que, quanto mais precisamos dormir, mais a sombra no canto do quarto irá se transformar num ladrão, provavelmente armado com uma faca gigantesca. Às vezes, nossas lembranças falham completamente – entramos num cômodo à procura de alguma coisa e então ficamos vagando como idiotas porque não conseguimos nos lembrar de por que estamos lá. (Os leitores mais velhos que achavam que este era um sinal de senilidade avançada ficarão satisfeitos em saber que isso também acontece com crianças de 10 anos.)

O passo seguinte envolve fazer conexões. No **Capítulo 4**, as peças do quebra-cabeça são encaixadas. Aqui as chances da Lei de Murphy nos atingir e derrubar aumentam logaritmicamente, pois somos terrivelmente ruins no que se refere a encaixar as peças de maneira correta. Neste ponto, fica claro que existe uma grande diferença entre o nosso quebra-cabeça mental e aquele feito de madeira ou papelão. Os de madeira se encaixam corretamente de uma só maneira; o quebra-cabeça mental parece ser infinitamente mais flexível, como se fosse feito de gelatina. Portanto, se dois fatos não parecem se encaixar, eles podem ser facilmente distorcidos e espremidos até que o façam. A compulsão de espremer e martelar as peças que não se encaixam pode nos causar grandes problemas. Por exemplo, se você é o portador de más notícias, tenha medo. A tendência dos tiranos de atirar nos mensageiros não é um mito. Eles associam o "portador" e as "más notícias" de tal forma até que fiquem satisfeitos em concluir que um é responsável pelas outras, e então atiram nele.

Embora pensemos que finalmente encaixamos as peças e finalizamos o quebra-cabeça, este ainda não está terminado. O quebra-cabeça e tudo o que o rodeia fluem em meio a um caldo espesso, fervilhante, elétrico – as emoções. O **Capítulo 5** analisa que diferença fazem as emoções. Não se trata apenas das grandes paixões – amor, ódio, medo –, mas de todo o espectro, desde o primeiro e ansioso beijo até o 99º bocejo. Nada, mas nada mesmo, deixa de causar emoções, seja uma cobra ou uma mangueira de jardim. Pesquisas com modernas técnicas de análise cerebral demonstraram que, no instante que nossos olhos focalizam algo, a primeira coisa que fazemos (e isso acontece tão rápida e inconscientemente que nem percebemos) é verificar se devemos fugir daquilo. Parece absurdo imaginar que nós, com toda a dispendiosa educação que tivemos, possamos ficar olhando uma mangueira de jardim e pensando se devemos fugir de pavor. Mas mangueiras de jardim e cobras são bastante semelhantes à primeira vista e, se esta forma comprida e fina realmente se revelar como sendo uma cobra, estaremos literalmente correndo antes mesmo de nos dar conta disso, e gratos pelo reflexo que nos fez fugir. (Para ver o que um cavalo faz quando vê uma mangueira, vá até a página 102.) A parte do cérebro responsável por este reflexo é a amígdala, a sede de nossas emoções. A amígdala reina acima de tudo o mais, como um faraó egípcio. Este comandante das nossas paixões governa a maneira como vemos o que vemos, e às vezes nos faz enxergar as coisas estranhamente – "Para um homem com um martelo", diz o ditado, "tudo parece prego." Isso funciona para os seres humanos e para os animais – os cavalos empinam quando vêem uma mangueira de jardim porque suas emoções lhes disseram para correr antes que seus intelectos tivessem tempo de avisá-los de que não é uma cobra.

O **Capítulo 6** cuida do aspecto social. Muitas das Leis de Murphy se aplicam quando estamos acompanhados. É desesperador para os pesquisadores de Psicologia o fato de as pessoas serem tão completamente diferentes em grupo e quando estão sozinhas. Por mais que eles as analisem e avaliem suas reações quando estão sozinhas, podem jogar no lixo todos os gráficos e tabelas quando elas se reúnem com seus pares. Seres humanos totalmente domesticados vão a um jogo de futebol ou a um fim de semana de *paint-ball* com um grupo e se transformam numa forma de vida assassina, de olhos arregalados e berros estridentes, irreconhecíveis até mesmo por seus próprios familiares.

As pessoas podem ser levadas a acreditar nas coisas mais extraordinárias quando são apanhadas numa multidão – esta, naturalmente, é a base da política: "Alguns dos meus melhores amigos são alemães" dá lugar a "Morram os Cabeças-Chatas!". Provavelmente o nosso sucesso como espécie se origine da capacidade de trancar nossa individualidade no fundo de uma gaveta pelo tempo necessário para ajudar o nosso partido, exército, tribo ou corporação a combater o inimigo. Em tempos de paz, no entanto, pode existir uma grave falta de foco em meio a um agrupamento de seres humanos. Qualquer um que tenha observado os trabalhos de um comitê poderá testemunhar a esquisitice de algumas formas de comportamento grupal. Portanto, a sexta área onde Murphy é encontrado é a dos comitês, multidões, festas e vida familiar.

No **Capítulo 7,** veremos o que pode acontecer quando os processos corretos de se encaixar o mundo são virados de cabeça para baixo. A tragédia resultante é representada com demasiada freqüência sob diferentes formas por todo o mundo.

Finalmente, no **Capítulo 8** analisaremos o mundo inanimado e descobriremos quanta animação nós impomos a ele. Espero que aqui você encontre as respostas para alguns dos grandes mistérios da vida. Talvez encontre respostas onde nem sabia que havia perguntas. E espero que você reflita nas muitas perguntas para as quais o livro não oferece respostas: a Lei de Murphy irá assegurar que eu pense em várias coisas muito importantes que me esqueci de mencionar, um dia depois que este livro for publicado.

Divirta-se.

Uma nota sobre a forma do cérebro

As figuras que se seguem demonstram que partes do cérebro fazem o quê, mas vêm com um aviso: elas são bastante simples, o que significa que são indubitavelmente inexatas. A leitura deste livro deve alertá-lo de que tudo o que é fácil de entender provavelmente está errado; portanto, observe as figuras com um "pé atrás". Por exemplo, como a amígdala não é a única área que lida com emoções, mas realmente parece ser vital para aquela complexa corrente de processos, neste livro ela recebe este simples papel. Você não deve tentar moldar seu próprio cérebro baseado apenas nos desenhos a seguir. Com aproximadamente 100 bilhões de neurônios no cérebro, cada um com dezenas de conexões, você não precisa ter um cérebro muito grande para perceber que existem mais conexões possíveis do que partículas subatômicas no universo. Portanto, entender como tudo funciona jamais será possível. Se o cérebro fosse simples o bastante para que o entendêssemos, nós seríamos tão simples que não conseguiríamos entendê-lo.

Amígdala

O núcleo emocional do cérebro. O que quer que o intelecto diga, é a amígdala que provê o sabor emocional de nossas experiências. Sem ela, o mundo seria cinzento e sem graça. Com ela, lutar, fugir, amar e odiar são comportamentos possíveis.

Hipocampo

As lembranças começam aqui, criadas pelas informações fornecidas pelo córtex, os diversos órgãos dos sentidos e a amígdala.

Uma vez construídas, as lembranças são guardadas em volta do córtex. Em casos em que o hipocampo foi danificado, as lembranças anteriores ao acidente permanecem intactas, mas os eventos mais recentes não deixam quaisquer rastros na memória.

Hipotálamo

A principal função do hipotálamo é a *homeostase*, ou a manutenção do *status quo* do organismo. Ele monitora o açúcar no sangue, a temperatura, a pressão, o conteúdo de oxigênio, e recebe informações de todas as áreas do cérebro. Ele age sobre o que descobre de duas maneiras: enviando sinais às diversas áreas do cérebro para a mudança de comportamento, como, por exemplo, quando os níveis de oxigênio estão muito baixos e ele faz com que o corpo lute para encontrar ar, provocando um "ataque de pânico"; e por meio de sinais químicos, para os quais emprega a pituitária.

Pituitária

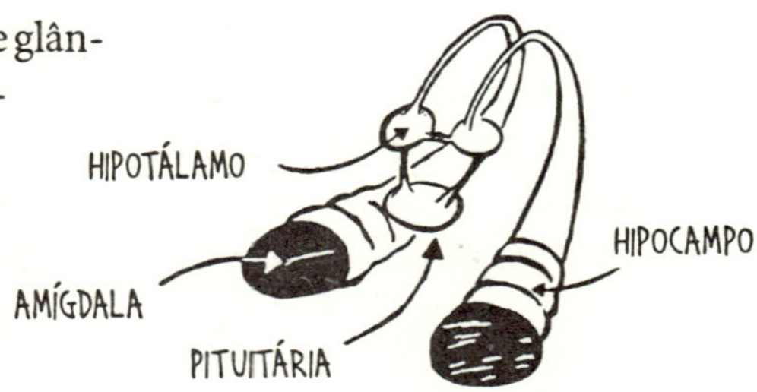

Às vezes, é chamada de glândula "mestra" do sistema endócrino, pois controla as funções de outras glândulas endócrinas. A glândula pituitária não é maior do que uma ervilha e localiza-se na base do cérebro. Secreta uma variedade de hormônios essenciais sob o comando do hipotálamo para estimular as glândulas adrenais, a glândula tireóide, os ovários e testículos.

Tálamo

O fato de se conhecer tão pouco acerca deste órgão central, e relativamente grande, quando se sabe tanto sobre, por exemplo, o minúsculo hipotálamo, indica o quanto ainda falta se descobrir sobre a mente humana. O que sabemos é que quase tudo tem um contato regular com ele. Parece ser o último "*pit stop*" para a informação que segue para o córtex – selecionando e esquadrinhando os sinais antes de enviá-los para frente ou para trás.

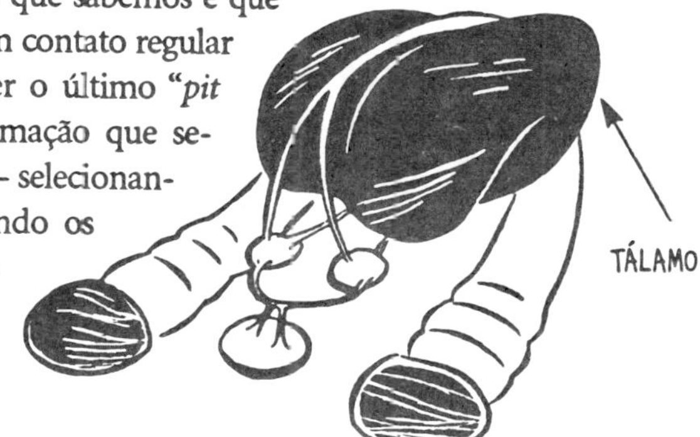

Putâmen

Um tipo especial de memória tem a sua base aqui: a aprendizagem de habilidades técnicas, envolvendo a coordenação dos membros, dos olhos, lembranças e meios de lidar com a gravidade etc. Portanto, tocar piano, andar de skate, tocar piano num skate, todas estas atividades são coordenadas pelo putâmen.

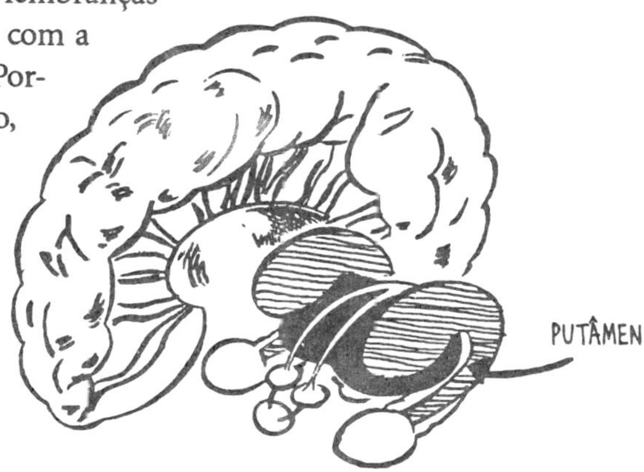

Córtex

Comparado com a complicada teia de tarefas nas regiões mais baixas, a camada mais elevada da "matéria cinzenta", com cerca de 1 centímetro de espessura, parece bastante simples. Cada área tem seu próprio limite definido, embora os intricados detalhes do que acontece no interior desses limites possa ser explicado apenas de maneira mais ampla.

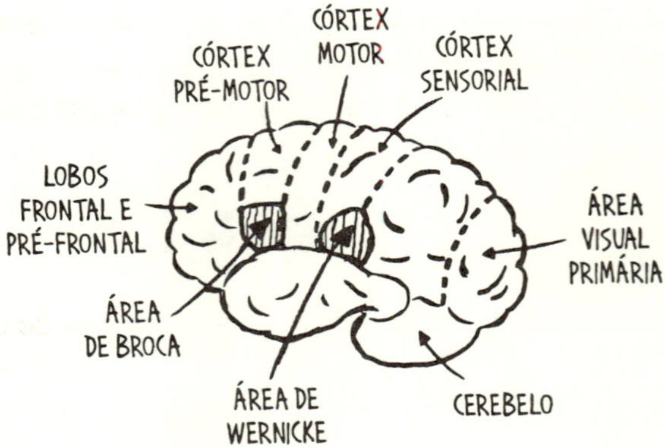

Cerebelo

Cuida do equilíbrio e da coordenação muscular. Sua importância pode ser verificada quando funciona mal. Os problemas incluem tremor dos membros, descontrole dos olhos e ausência de foco, dificuldades na mastigação e na deglutição. Até mesmo a tarefa de se manter imóvel requer o controle constante do cerebelo.

Áreas de Broca e Wernicke

Lidar com a linguagem envolve dois processos – a área de Wernicke cuida da compreensão das palavras; a área de Broca coordena a produção da fala.

Córtex visual

O córtex visual lida com a entrada de informações através dos olhos. Ele as analisa pela cor em uma área, formato em outra, movimento, profundidade, e assim por diante. O julgamento mais complexo da "importância" acontece na direção da periferia, conectando-se às lembranças e relatando ao corpo como um todo.

Córtex sensorial

Aqui o corpo é mapeado numa ordem regular, de cima para baixo, começa com a cabeça nas beiradas externas e termina com os dedos dos pés no alto da cabeça. Não somente os sensores de toque são monitorados aqui, mas também posições e ângulos dos vários membros, de forma que a região normalmente é chamada de córtex "somato-sensorial".

Córtex motor

Cuida de instruir os músculos a obedecerem às ordens do cérebro.

Córtex pré-motor

Aqui é feito o cálculo do que os músculos devem fazer, quanto e por quanto tempo. O córtex pré-motor planeja as ações tendo como base as instruções das áreas logo à frente.

Lobos frontal e pré-frontal

Esta área tem recebido muita atenção dos psicólogos porque é mais importante e, ao mesmo tempo, mais amorfa do que as áreas posteriores. Aqui, ao que parece, localizam-se a força de vontade, o discernimento, a ética, a consciência, a mediação e a inspiração. Tentar analisar o que realmente significam todos esses termos, tentar descobrir uma teia especial de neurônios que se relacionam com, por exemplo, "respeito aos mais velhos", pode ser ou uma busca pelo Santo Graal da neurociência ou um tempo perdido, dependendo de como são construídos seus lobos frontal e pré-frontal.

1
Assimilando tudo: os sentidos

O primeiro passo para se montar um quebra-cabeça é esvaziar a caixa sobre a mesa, virar as peças e ver o que temos.

Para fazer o nosso quebra-cabeça mental, também precisamos olhar as peças. Mas este é um quebra-cabeça muito grande. Muito grande mesmo. Nosso cérebro está lidando com um fluxo imenso de informações, vindo de milhões de terminais nervosos em nossos olhos, nariz, língua, ouvidos e pele. Se fosse um quebra-cabeça, teria milhões de peças. E como a nossa mente atualiza a imagem a cada décimo de segundo, as peças do quebra-cabeça mental precisam mudar dez vezes por segundo para combinar.

Como o cérebro consegue lidar com isso? É bem simples: ele ignora quase todos os sinais que chegam, agarra uns poucos e preenche os espaços remanescentes com adivinhação.

Você ficaria admirado ao saber quanta adivinhação acontece. Isso lhe dará uma idéia: cubra a metade inferior desta página até a figura de peça de quebra-cabeça que está abaixo. Focalize o olho no centro da peça. Não olhe para mais nada, mas descubra a parte inferior do livro. Agora, tente ler as palavras que estão debaixo da peça de quebra-cabeça, sem mover os olhos. Num dado momento, seus olhos só podem reconhecer realmente uma área do tamanho da peça de quebra-cabeça. O restante da figura é simples rumor e boato; você está apenas adivinhando.

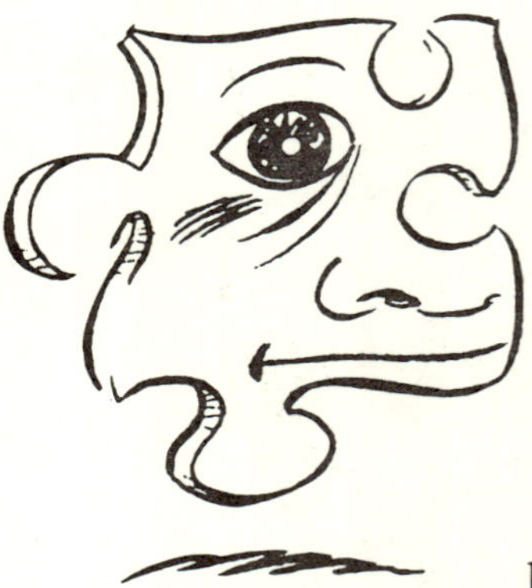

AUMENTO DA CAPACIDADE

Mais adiante, iremos analisar como é feita esta adivinhação. Na Era Paleolítica, num mundo feito de pedras, árvores e cabras, nossos ancestrais podiam adivinhar com bastante exatidão o que significavam os sinais; atualmente, é bem menos provável que se consiga. Novas cores, odores e sons sobrecarregam os nossos sentidos, e Murphy se aproxima sorrateiro do cérebro. Vamos analisar cada um dos sentidos e ver como é fácil entender tudo errado.

AUDIÇÃO

Nada poderia ser mais simples do que os sons – ondas de ar comprimido. Não importa quantos diferentes ruídos, fala, tons, sibilos ou arrotos existam num cômodo à sua volta, o que entra pelos ouvidos são simplesmente ondas de ar comprimido. O tímpano vibra, as vibrações ricocheteiam até a cóclea, que traduz as vibrações em impulsos nervosos, que, por sua vez, viajam para o córtex auditivo. Então, começa a diversão. Com fantásticas habilidades forenses, o córtex auditivo separa os sinais brutos em sons individuais. Os caçadores paleolíticos conseguiam distinguir o canto dos pássaros, o farfalhar das árvores e o murmúrio dos riachos daquele minúsculo som que queriam ouvir: um cervo mastigando folhas atrás do arbusto mais próximo. Atualmente, estamos cercados por um alarido diferente. Numa festa, a música gravada substitui o canto dos passarinhos, as roupas se encarregam do farfalhar, centenas de pessoas falando tomam o lugar do murmúrio do rio e o som em especial que queremos escutar não é o cervo mastigando folhas, mas sim um convidado mordiscando um petisco e nos falando sobre seu hobby.

Embora ele esteja falando baixo e exista uma barulheira bem mais alta a sua volta, conseguimos escutá-lo com uma clareza impressionante. Este fenômeno é chamado de "Efeito Coquetel", pois Colin Cherry, cujo nome é bastante adequado, descobriu que isso acontece especiamente em festas e coquetéis.[1] Seu trabalho pioneiro nos anos 50 não foi para nos ajudar a compreender este tipo de festa, mas sim para ajudar os controladores de tráfego aéreo a lidarem com a confusa balbúrdia de vozes em seus fones de ouvido. O trabalho de Cherry com os controladores de tráfego aéreo demonstrou como nós todos selecionamos o que queremos ouvir, e conseguimos ignorar o restante. Isso demonstra que, assim que o cérebro separa os sons e os avalia, eles são praticamente jogados fora, deixando apenas os sons daquele convidado e seu hobby.

Na verdade, não é assim tão simples, como Murphy gosta de salientar de vez em quando. Os outros ruídos não são excluídos imediatamente; estão sendo inconscientemente monitorados. A prova disso é que:

> Se você disser a palavra "sexo" numa festa, todo mundo pára de falar

De repente, todos na festa estão escutando você. Como conseguiram ouvir aquela palavra acima de tanto barulho? É constrangedor. Esta Lei de Murphy demonstra uma notável capacidade do córtex auditivo. Na verdade, o blablablá que o cérebro parece estar ignorando está sendo inconscientemente checado à procura de palavras-chave, antes de ser descartado. Quaisquer sons que o cérebro considere interessantes são empurrados para a consciência. A palavra "sexo", naturalmente, é considerada muito interessante.

Outros sons ou palavras significativas podem emergir em meio à barulheira. Um celular com um toque igual ao seu fará com que você erga os olhos. Se alguém falar seu nome, suas orelhas vão esquentar – e já se notou que, se você escuta seu nome, vai ouvir também várias palavras que o precederam, prova de que o cérebro retém o barulho externo por uns poucos segundos.

É mais fácil ouvir um sussurro secreto do que um grito

O cérebro monitora completamente os sons circundantes. Mudanças sutis nesse invólucro de som são consideradas como merecedoras de atenção especial, mesmo que envolvam uma diminuição do volume. Se o casal ao seu lado reduz as vozes a um sussurro, você fica em alerta; seus ouvidos se aguçam para escutar o que estão dizendo.

Enquanto está prestando atenção ao que se passa com seus vizinhos, você não escuta todas as palavras, somente partes. O cérebro acrescenta o que julga serem as partes que faltam. Geralmente, você alcança um bom resultado, mas às vezes pode entender tudo errado. Segue aqui uma analogia que demonstra como isso acontece. Olhe as palavras no início da próxima página. Você está vendo apenas uma parte delas, e adivinha o restante. Seu cérebro alcança o que ele adivinha serem as palavras certas, mas é claro que entendeu errado (descubra na página seguinte o quanto ele está errado).

LEI DE MURPHY

O cérebro tende a ouvir o que deseja ouvir, a partir dos fragmentos que recebe.

Três sujeitos bêbados estão seguindo por uma rua, numa certa manhã. "Lindo dia, não é?", diz o primeiro. "Não é não, hoje é sexta", diz o segundo. "Eu também estou com sede", diz o terceiro. "Vamos beber mais uma."

Recentemente, em um chat sobre Murphy, conversei com uma chinesa em Pequim. Sua pronúncia do inglês não era perfeita, mas achei que estávamos indo bem. Ela me disse que seu trabalho era encontrar *horses* (cavalos) para as pessoas que iriam morar em Pequim. Eu mencionei que não havia visto nenhum cavalo desde que chegara à cidade. "Ah, sim", ela disse. "Todos em Pequim têm um cavalo (*horse*)." "Todos?", perguntei admirado. "Mas eu ainda não vi nenhum." "Onde mais as pessoas iriam morar?", ela perguntou. Fizemos uma pausa e só então me dei conta de que estávamos falando sobre *houses* (casas). Uma pequena diferença na pronúncia resultou numa conversa estranhamente surreal.

PROPRIOCEPÇÃO

Propriocepção é o sentido Cinderela, sempre excluído da companhia dos Cinco Grandes (audição, visão, olfato, paladar e tato). Mas, quando você dorme mal e acorda com o braço adormecido pendendo inutilmente do seu cotovelo, deveria ficar grato pelo fato de que, de maneira geral, sabe onde estão seus membros. Isso é propriocepção. A habilidade de andar, correr e ficar de pé depende desse conhecimento e, para esse fim, mensagens são enviadas por todo o corpo até o cerebelo. (Este nome em latim significa "pequeno cérebro". De fato, parece um cérebro-reserva, pendendo logo abaixo do principal, atrás da base do cérebro).

Seu braço adormecido se recupera logo, mas, em *The Man Who Mistook his Wife for a Hat* (O homem que confundiu a mulher com

LFLDF MHPBLIX

um chapéu), Oliver Sacks descreve como um de seus pacientes acordou e encontrou a perna de outra pessoa ao seu lado na cama.[2] Aterrorizado, ele jogou para fora da cama aquela coisa horrorosa, mas, como na verdade era a sua própria perna, ele também foi lançado para fora da cama e ambos caíram juntos ao chão. Você não pensa sobre isso, mas a propriocepção é um sentido vital. Este paciente o perdera. A perna dele estava perfeitamente normal sob todos os outros aspectos, mas não enviava quaisquer mensagens sobre a sua localização; portanto, simplesmente deixou de fazer parte do seu corpo. O que mais nos interessa aqui é saber que a mente do paciente precisava ser capaz de explicar o que estava acontecendo. Então, foi assim que ele se encontrou acreditando no impossível de acreditar que sua perna, que era obviamente igual à sua e estava no lugar certo, na verdade pertencia a uma outra pessoa.

Você pode enganar sua propriocepção provocando espasmos musculares. Fique de pé encostado numa parede, como na figura. Mantendo o braço reto, tente forçá-lo contra a parede. Continue forçando desta maneira por 30 segundos, depois relaxe. Quando olhar para baixo, você encontrará seu braço no lugar errado, flutuando acima de onde você achava que deveria estar.

O momento em que você está parado na beira de um abismo é o único em que precisa manter a cabeça fria, e o único em que não consegue

(Why the World is Wonky)

À beira de um abismo, a operação normalmente tranqüila e regular do cerebelo é deixada de lado em favor de outra coisa na qual o cérebro é muito bom – o pânico. Temos um medo inerente de espaços vazios abaixo de nós. Isso pode ser visto em bebês assim que começam a se movimentar: se estão engatinhando na direção de suas mães e um vácuo aparece abaixo deles, mesmo se estiver obviamente coberto com um vidro espesso sobre o qual poderiam passar, eles não seguem adiante.

Quando você está parado à beira do seu abismo, sua reação de medo profundo surge de repente e seu cerebelo se torna impotente. A reação básica ao medo é congelar. Este princípio vai de encontro à função do cerebelo, que é mantê-lo em pé com movimentos belos e elegantes. O resultado é a tendência de sentar firmemente e se recusar a se mover. Muita prática em andar

por beiradas de abismos vai ensiná-lo a confiar em seu cerebelo e permitir que ele prossiga com seu trabalho.

Quando você começa a aprender uma nova habilidade, como a acrobacia, por exemplo, seu cerebelo precisa abrir uma enorme e nova série de livros de cálculos relacionados com o que acontece quando você está de cabeça para baixo. Para mim, estar de cabeça para baixo é algo tão familiar quanto morar num outro planeta; para os acrobatas de circo, que vivem disso, andar sobre as mãos não é mais difícil do que andar sobre os pés. No decorrer de anos, o cerebelo deles fez todos os cálculos, e agora isso acontece naturalmente.

As crianças instintivamente fazem o cerebelo praticar o equilíbrio quando sobem em árvores, andam em cima de muros, sobem em brinquedos de escalar. Mas as oportunidades são limitadas pelo piso de concreto. Cair de uma árvore é educacional se você aterrissa na grama, mas pode ser mortal se aterrissar no concreto. Em vez de fornecer a grama, os guardiões da nossa segurança tendem a remover as árvores. Agora, nossas crianças não têm mais onde praticar. Menos prática significa menos confiança, o que, por sua vez, significa que nossas crianças se tornam menos seguras, e não mais seguras.

VISÃO

Com os olhos, como com tudo mais, grande parte de nossa "observação" consiste em faz-de-conta. A estrutura do olho demonstra por que é assim. Existem 130 milhões de células de retina sensíveis à luz no fundo do olho, mas apenas 1 milhão de células no nervo ótico, que leva as mensagens para o córtex visual na parte posterior do crânio. Portanto, 129/130 da informação recebida pelos olhos ou é jogada fora ou é fortemente comprimida (como um arquivo .jpeg, mais ou menos). O córtex visual utiliza seu sofisticado software para desvendar a figura. Geralmente, está correto. Mas as Leis de Murphy fazem de tudo para que dê errado, como quando dizemos "Ah, veja como esse lindo cachorrinho está gostando de mim", segundos antes de ele nos morder a mão.

Você pode observar muito, só olhando

(Um dos famosos ditados de Yogi Berra, o jogador e empresário de beisebol, criador da enigmática frase "O jogo não termina antes que a mulher gorda cante", e inspirador do "Yogi Bear")

A ilusão a seguir parece demonstrar dois triângulos, um atrás do outro.

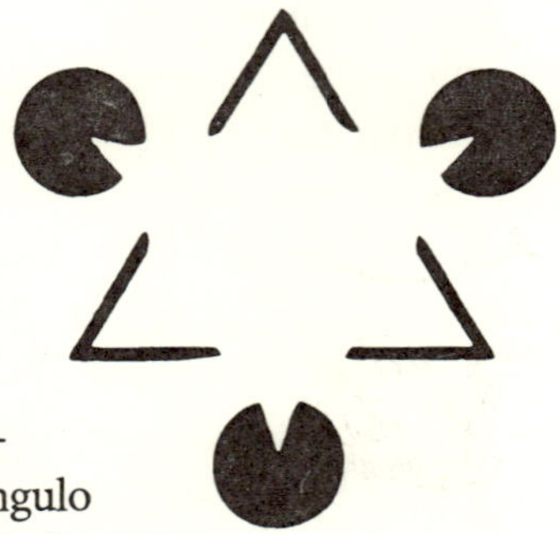

Na verdade, não é nada disso. Existem três círculos com pedaços faltando e três Vs. Seu cérebro captou estas peças de quebra-cabeça visual, usou a imaginação e agora está inventando um triângulo que passa entre os círculos, e depois um outro triângulo imaginário atrás do primeiro triângulo imaginário. E mais: para deixar tudo ainda mais claro, seu cérebro também está acrescentando cor; o alto do triângulo parece ser de um branco mais claro do que o fundo. Então, o que você vê é uma mistura do que existe e do que você acrescentou.

TATO

Milhões de receptores de pele por todo o seu corpo enviam mensagens para o cérebro. As mensagens não são apenas sobre tato, mas também de dor, pressão, calor e frio. Na maior parte do tempo, você nem se incomoda com isso. Mas pode mapeá-las com facilidade: você está sentindo os sapatos apertando seus pés nesse exato instante... Agora, pode esquecê-los outra vez.

Assim que você deita na grama para tomar Sol, todos os insetos do mundo começam a rastejar por cima do seu corpo

Tirar a roupa e afundar na grama não é tão fácil quanto parece. Existem criaturas nojentas e rastejantes ali na terra. Elas podem estar com fome, e você pode ser o almoço. Você sente que elas começam a andar pela sua pele. Olha para baixo – desapareceram. Você fecha os olhos novamente – e elas retornam com suas famílias. Elas vão se banquetear em você. Mas são todas fantasmas. Abra os olhos e elas desapareceram outra vez. Por que você imagina insetos rastejando em seu corpo?

Seus sensores de tato também enviam um bocado de ruídos aleatórios ao cérebro – tiques e cliques minúsculos. Normalmente, você os ignora; são apenas algumas de trilhões de mensagens que o cérebro descarta. Mas, às vezes, você fica hiperconsciente deles. Quando sente medo de que besouros, vespas, formigas ou centopéias famintos o encontrem deitado, exposto e saboroso no gramado, você escuta os tiques e cliques e lê o "possível matador de caçador" em todos eles.

PALADAR E OLFATO

Os sentidos do paladar são conectados de maneira ligeiramente diferente dos outros sentidos. Eles possuem uma linha expressa de acesso à amígdala, o centro de medo do cérebro. Aversão e desprazer são reações imediatas e poderosas a alguns sabores; e ainda bem que isso acontece, pois, se não fosse assim, poderíamos nos envenenar. Quando você se afasta com nojo do cheiro de leite azedo, isso é uma reação tão automática como se o leite tivesse dado um soco em seu nariz.

O sexto sentido

Existe um sexto sentido? Muitas pessoas já "sentiram" alguém parado atrás de si em algum momento, mas como sabiam disso? Talvez a resposta resida no interior do processamento inconsciente, que, como sabemos, se dá abaixo das camadas conscientes. Da mesma forma que seus ouvidos monitoram a balbúrdia que o rodeia numa festa e captam o som do seu nome, eles percebem os mínimos ecos e reverberações num cômodo vazio e focalizam qualquer mudança provocada por algo que se aproxime por trás. As pessoas com deficiência visual aprendem a ouvir os sons de um cômodo de maneira muito mais aguçada do que os que vêem.

Como veremos na próxima seção, precisamos olhar antes de ver, e escutar antes de ouvir. Muito do que nos cerca nunca ultrapassa a entrada das portas da percepção, mas parece haver uma grande quantidade de sensações capazes de se esgueirar silenciosamente para a mente e se esconder sorrateiramente num canto.

Consciência: a voz interior que nos avisa que alguém pode estar olhando

(H. R. Mencken, 1880-1956; *Chrestomathy*, 1949)

O psicólogo Richard Wiseman investigou os fenômenos paranormais o suficiente para se sentir preparado para assombrar uma casa num horário predeterminado.[3] Ele descobriu o que faz as pessoas se assustarem: mudanças súbitas mas subliminares na temperatura em torno das pernas; ímãs ocultos, que podem surtir efeito nos cabelos ou na pele; infra-som, que é baixo demais para ser audível, mas, mesmo assim, afeta o corpo. Tudo isso irá afetar os que se assustam com facilidade, porém subliminarmente, de forma que eles ficam conscientes da sensação de desconforto mas não conseguem explicar o porquê. A imaginação cuidará do restante.

Quando você acha que existe algo de errado com uma pessoa, mas não sabe explicar o que é, talvez esteja captando algo inconscientemente, algo que sua mente consciente não pode enxergar. Pode-se perceber mais do que pensamos na linguagem corporal de uma pessoa. E as pessoas revelam a si mesmas mais do que imaginam. Análises detalhadas de vídeos de pessoas conversando podem revelar reações quase imperceptíveis, expressões faciais fugidias que demonstram os verdadeiros sentimentos sob a máscara, mas apenas num nível subconsciente.

Bom para a saúde significa "eca"

Os fabricantes de alimentos sabem exatamente o que mais desejamos comer e focalizam nisso com uma exatidão infalível: açúcar, gordura e sal. Ficamos com água na boca só de sentir o cheiro porque estamos cheirando com um cérebro de 1 milhão de anos, um que foi projetado para viver em planícies áridas, com raras oportunidades de se comer qualquer coisa que não seja casca de árvore. A visão de uma abelha podia enviar nossos antepassados a uma longa caçada, rastreando a abelha de volta à sua colméia, subindo na árvore onde estava, suportando centenas de picadas em benefício do glorioso, incrível e raríssimo sabor doce. Aquele instinto ainda existe e guia nossas mãos ávidas na direção do que é doce sempre e quando se torna disponível. O mundo moderno coloca o que é doce ao alcance dos nossos dedos 24 horas por dia, com graves conseqüências à saúde. Se esperarmos pacientemente, talvez, no futuro, nosso cérebro possa evoluir até um correto senso de proporção, a um instinto para a dieta balanceada. Mas, enquanto estamos esperando, não conseguimos evitar sentir uma "fominha", por isso vamos pegar só mais um sorvete...

ATENÇÃO

Para muitas das Leis de Murphy, o problema surge não tanto pelos sentidos propriamente ditos, mas do quanto estamos atentos a eles. Para Murphy, a atenção representa 9/10 da lei.

Atenção é aquilo que o capacita a escutar o interlocutor à sua frente e ignorar a balbúrdia circundante, até subitamente decidir que o leve roçar na sua pele significa que você está sendo atacado por insetos. Se não fosse possível ignorar a maioria dos milhões de sinais que chegam através dos ouvidos, olhos e pele, você sofreria uma sobrecarga sensorial. A habilidade de focalizar algo e ignorar o restante é uma maravilha. É como se o cérebro virasse um holofote de busca sobre o mundo, que seleciona algumas coisas e deixa outras, abençoadamente, de lado, na escuridão.

Mas o que devemos ignorar e a que devemos estar atentos? Neste mundo agitado e ruidoso, muitas das Leis de Murphy demonstram a dificuldade de distinguir a floresta das árvores, num mundo onde árvores e florestas são ocultadas por aço e plástico.

Quanto mais você olha o texto, menos entende as palavras

Existem duas partes na leitura e, agora, ambas estão se separando uma da outra: a habilidade de percorrer a linha de um texto da esquerda para a direita e, depois, saltar com exatidão para o início da linha seguinte é aprendida bem cedo, guardada com segurança no putâmen e executada sob ordens. A habilidade de entender as palavras enquanto se faz isso é outro departamento. É perfeitamente possível (eu sou a prova viva) terminar de ler uma página e, subitamente, perceber que não se tem a menor idéia do que se tratava. O reflexo de passar os olhos ocultou o fato de que você não estava realmente prestando atenção ao texto.

Uma lenda folclórica beduína demonstra o quanto pode ser difícil o controle dos mecanismos de atenção:

Um daroês* ensinou um beduíno a fabricar ouro a partir da palha: "Simplesmente coloque a palha em água fervente", ele disse, "e fique mexendo, durante três horas. Mas, lembre-se, enquanto estiver mexendo, você não pode de forma alguma pensar num elefante cor-de-rosa..."

Obter sentido de uma frase é mais complicado do que parece. Consideramos que uma sentença emerge gradualmente à medida que cada palavra segue a última. Mas isso não pode ser verdade – é impossível saber desde as primeiras poucas palavras qual será o significado da frase inteira. Estas palavras precisam ser aprisionadas até que se acrescentem palavras suficientes para formar

uma frase coerente. Manter as

palavras aprisionadas

*Daroês é um indivíduo integrante de uma ordem monacal muçulmana que faz votos de pobreza, humildade e castidade. (*N. do R.*)

enquanto você espera que o sentido delas
emerja é um
ato
bastante inteligente.

Para as palavras, bem como para as frases, a compreensão vem em blocos. "De adorco com pisquesadores da Cmabrigde Uinervtisy, não imorpta a odrem em que as ltreas etsão estricas, a úcnia ciosa imorptante é que as pmrieira e útlima ltreas etsajm nos lagures cortes. O rseto pode etsar numa cunfosão tatol e você anida pdoe ler sem pobrlema." Isto ocorre porque a mente humana não lê cada letra por si só, mas a palavra inteira, como um todo.

Cada solução abre a porta para um problema mais difícil

(Destilado de John Peers, Henry Kissinger, Krishnamurti, Stephen J. Gould)

Ao concentrar sua atenção na instalação daquele novo programa em seu computador, você evitou prestar atenção a outras coisas à sua volta. A tarefa à sua frente não é apenas vital, como você já explicou pacientemente a todos na casa, mas também age como uma barreira entre você e, por exemplo, o ato de lavar as mãos. Não porque lavar as mãos seja um problema, você bem sabe, mas porque a caminho de fazer isso você irá passar pela chave de fenda, que precisa ser devolvida à caixa de ferramentas, que está perto do vaso, que precisa ser consertado com cola, que precisa ser comprada na loja de ferragens, enquanto, talvez, ao mesmo tempo, você possa fazer algumas compras com o carro, que precisa ser levado para a revisão porque o prazo termina amanhã... e também o prazo da declaração de imposto de renda, agora que está pensando nisso, o que preferia não estar fazendo. Considerando-se tudo, é melhor prestar atenção somente no computador, por enquanto. Uma coisa de cada vez.

Qualquer que seja o bufê, há sempre um prato a mais

Este é um prato cheio para os mecanismos de atenção. As refeições servidas em um restaurante nos dão uma excelente chance de brincar de equilibristas em cima de um tapete caro. A cada prato, garfo, guardanapo ou copo com que você precisa lidar, enquanto está tentando impressionar o novo chefe do departamento, cresce a probabilidade de que Murphy apareça como um convidado indesejado. Você está agindo no limiar da sobrecarga.

O que você faz agora depende de três variáveis, de acordo com os psicólogos: **dificuldade, prática e similaridade**.[4] Uma grande parte de sua atenção está focalizada em ser espirituoso, porque isso é **difícil**. Você não deveria dedicar demasiada atenção às tarefas de equilíbrio de pratos porque, ontem à tarde, você **praticou** segurar um prato, um copo e um guardanapo com a mesma mão. Mas, infelizmente, estas tarefas são **similares** demais, então, quando um *vol-au-vent* começa a escorrer pelo seu queixo quando você o aperta entre os dentes, e você não consegue pegar o guardanapo porque está segurando o garfo com os dedos, então você chegou no limite. É aí que Murphy toca o telefone que está no seu bolso. A atenção extra necessária para decidir se deve ou não atender, se termina de contar a anedota ou se fica simplesmente parado ali babando o molho de cogumelos finalmente o empurra para a beira do abismo. Alguma coisa terá de ceder. É o prato, que se move da posição ho-

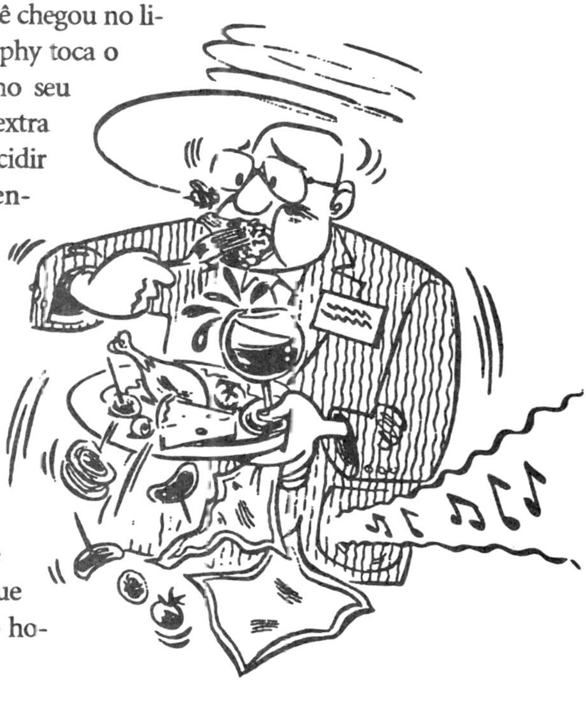

rizontal e faz com que a minipizza escorregue para a beirada. Quando você tenta segurá-la, o garfo bate no copo, que vira, enquanto tudo o mais desaba no chão, exceto o *vol-au-vent* que está pingando na sua lapela. A boa notícia é que, agora que está desimpedido, você poderá se concentrar bem mais em desenvolver aquela história engraçada que estava contando ao chefe do departamento...

Quando suas mãos estão ocupadas, seu nariz começa a coçar

Existe apenas uma quantidade limitada de atividades em que você consegue se concentrar num dado momento. Mas outras mensagens estão sendo recebidas inconscientemente. Então, quando a tarefa imediata é completada, a mente tem a chance de lidar com outras coisas. Seu nariz esteve coçando por alguns minutos, mas só agora isso realmente penetra na consciência.

A velha imagem do professor pensativo e intrigado coçando a cabeça se origina dessa mudança de atenção. Enquanto ele esteve concentrado na tarefa imediata, tinha pensamentos somente voltados para ela. Assim que dá um passo para trás, outras coisas podem se introduzir, tal como a coceira na cabeça.

Há muitos exemplos do que acontece quando a memória ativa finalmente se liberta – quando a escrivaninha fica limpa. Por exemplo...

Você pensa em dez coisas importantes, que não pode se esquecer de fazer, no instante em que está caindo no sono

A última coisa que deseja para assombrá-lo no momento em que está quase dormindo é aquela lista de URGENTES. Mas agora, que se lembrou dela, você sabe muito bem que, se deixar, estas tarefas importantes serão esquecidas. Você se obriga a acordar, arrasta-se para fora da cama, caça uma caneta e um papel, rabisca a lista e volta para a cama. Então, você fica ali olhando para o teto por mais de uma hora, incapaz de dormir. Na manhã seguinte, descobre que, no fim das contas, se lembraria de tudo.

Antes de você adormecer, muitos dos acontecimentos do dia darão uma volta triunfal em torno do seu cérebro. Dessa vez, eles não estarão correndo em seqüência, mas em paralelo. Todos podem ser igualmente importantes. Novas conexões podem ser feitas. Aqui podemos ver a extensão do processamento da mente inconsciente. Enquanto você esteve lidando com a escrivaninha lotada do cérebro durante o dia, outras coisas foram assimiladas inconscientemente. Na atmosfera relaxada do quase-sono, outras conexões importantes são feitas.

Esta Lei de Murphy dá uma pista aos psicólogos sobre o que são os sonhos. Enquanto você está dormindo, todos os eventos do dia são processados. Acontecimentos importantes são ligados a outras experiências de sua vida. Talvez hoje você tenha ido pela primeira vez ao *Nemesis*, a mais terrível montanha-russa do universo. À noite, isso irá se assentar com outras lembranças de ser virado de cabeça para baixo, de sentir o estômago sendo empurrado até a boca, de estar cercado por gritos, o medo, a pressão de forças inimagináveis, o desamparo. Talvez você sonhe que está nascendo.

A solução das palavras cruzadas sempre surge quando estamos no banheiro

Nos últimos tempos, temos encontrado uma crescente dificuldade em descobrir o que separa a espécie humana das outras formas de vida "mais inferiores". Alguns cientistas estraga-prazeres salientam que os elefantes possuem cérebro maior, as baratas vivem nos climas mais variados, as plantas conseguem contar, os cachorros conseguem entender palavras, os corvos podem construir ferramentas, os macacos conseguem entender o que os outros macacos estão pensando, os cupins possuem uma teoria mental. E se você quer saber quem realmente governa esse planeta – são as bactérias. Para onde podemos nos voltar em busca de conforto? Como podemos reivindicar nossa superioridade acima dos outros animais? Pois eu lhe digo: nenhum deles é capaz de fazer palavras cruzadas. A pista enigmática foi

Segue aqui uma técnica que uso para me lembrar da lista de coisas urgentes sem precisar sair da cama. Ela envolve formar uma figura mental que será suficientemente memorável para perdurar até a manhã seguinte. Crie uma imagem para cada número, de 1a 10 alguma coisa que rime, por exemplo.

ONE rima com BUN
(*Um* rima com *bolinho*)*
TWO rima com SHOE
(*Dois* rima com *sapato*)
THREE rima com TREE
(*Três* rima com *árvore*)
FOUR rima com DOOR
(*Quatro* rima com *porta*)
FIVE rima com HIVE
(*Cinco* rima com *colméia*)
SIX rima com STICKS
(*Seis* rima com *gravetos*)
SEVEN rima com HEAVEN
(*Sete* rima com *paraíso*)
EIGHT rima com PLATE
(*Oito* rima com *prato*)
NINE rima com WINE
(*Nove* rima com *vinho*)
TEN rima com HEN
(*Dez* rima com *galinha*)

Cada um dos itens da lista mistura-se com a sua rima para formar uma imagem. Amanhã,só precisarei me lembrar de:

1. Ir ao dentista
2. Consertar a cadeira
3. Levar o carro para a oficina
4. Lavar as roupas

*A tradução é fiel ao inglês; portanto, a rima não ocorre em português. (*N. do E.*)

5. Dar uma corrida
6. Praticar para a noite de karaokê
7. Programar o vídeo para gravar o jogo de futebol
8. Pegar o carro na oficina
9. Assistir ao vídeo do jogo
10. Tomar banho

Agora, só preciso colorir as figuras, e amanhã a lista irá surgir espontaneamente em minha memória.

inventada para o cérebro sutil. Esta é a melhor demonstração das profundas correntes oceânicas que correm sob a superfície da consciência humana. O mistério o persegue e atormenta durante o dia inteiro e, então, pula como uma torrada da torradeira quando você menos espera. É por isso que os seres humanos são os maiores.

RESUMO

- Assimilar o mundo não pode ser apenas uma questão de reunir informações: existem informações demais. Uma grande parte da tarefa é selecionar as informações. Os olhos fazem isso muito bem, removendo 99 por cento das informações que recebe. As estruturas mentais se encarregam do resto.

- Os mecanismos de atenção são ferramentas muito poderosas para prevenir a sobrecarga de informações. Eles permitem focalizar numa determinada dimensão do ambiente e ignorar o restante. Eles podem até mesmo fazer com que desliguemos completamente o mundo exterior quando dormimos, enquanto ainda monitoram o ambiente inconscientemente, despertando-nos com sons e odores específicos.

- Os problemas surgem ao decidirmos a que dimensões devemos prestar atenção, e quais devemos ignorar. Em geral, construímos uma lista de expectativas e vamos em busca delas, deixando as outras coisas de lado. Esta é uma prática perigosa – estamos acumulando problemas para mais tarde, como veremos.

2
Entendendo a medida

Você olhou, ouviu, cheirou e sentiu, mas seu conhecimento do mundo ainda é uma mixórdia de zunidos neuronais. Agora, você precisa começar a cutucar um pouco a informação, estimulá-la, sondá-la; **mensurá-la**. É grande ou pequena, alta ou cinzenta? Você ficará surpreso ao perceber o quanto pode estar errado. Espaço e tempo estão urdidos em sua mente de tal maneira que nem mesmo Einsten jamais poderia sonhar.

O tempo voa quando estamos nos divertindo

... e durante a aula de Química ele se arrasta. A medida subjetiva do tempo é capaz de imensa imprecisão.

Na verdade, possuímos vários relógios internos, desde aquele que cronometra nosso período de vida – o tique-taque do nascimento à morte – até o relógio que calcula minúsculas frações de um segundo, que nos permite retornar um saque de tênis a 50km/h direto na linha.

O mecanismo do relógio que usamos no dia-a-dia é um circuito de neurônios que correm do córtex pré-frontal para os gânglios basais, seguindo para a substância negra e voltando ao córtex pré-frontal.

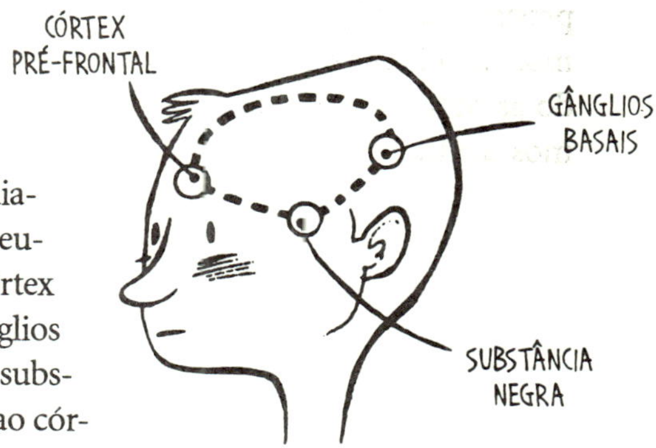

Um tique do relógio neural.

Um impulso nervoso viaja através desse anel a cerca de 1m/s. No momento em que retorna ao lugar de origem, um décimo de segundo se passou. Este é um "tique" do relógio do cérebro. Portanto, são necessários, por exemplo, 3,5 minutos, ou 2.100 tiques, para se cozinhar um ovo em ponto mole.

Uma coisa interessante acerca desse anel nos diz muito sobre o cálculo de tempo – ele trabalha mais depressa quando esquenta. Na década de 1930, o médico Hudson Hoagland reparou que a esposa, que estava sofrendo de febre, superestimava continuamente o tempo;[1] ela afirmava que ele se afastara por uma hora, quando ele estivera longe dela por apenas 40 minutos. Sendo um cientista, ele planejou fazer uma série de experiências enquanto ela estava doente. Na condição de esposa dedicada e sofredora, ela concordou e, por certo, suas estimativas de tempo eram maiores em cerca de 20 por cento. Infelizmente, ela se recuperou da febre. Hoagland engoliu o desapontamento e saiu em busca de outras cobaias. Enrolava serpentinas aquecidas em torno da cabeça delas e descobriu que o relógio de qualquer cabeça-quente é 20 por cento mais rápido do que o das outras pessoas. Elas acreditam que o tempo está passando mais depressa. O mesmo acontece sob o efeito da adrenalina. Será que isso poderia explicar uma outra experiência bastante comum: as pessoas que são muito ansiosas sempre têm medo de que tudo se atrase?

A extensão de um minuto depende de que lado da porta do banheiro você está

(Zall)

Como acontece quando esperamos o elevador (veja p. 192), não há nada para se fazer enquanto ficamos parados olhando a porta do banheiro, exceto amaldiçoar a porta, amaldiçoar a pessoa que está do outro lado e amaldiçoar Murphy, que manteve o banheiro desocupado até 15 segundos antes de você precisar usá-lo. Porque há uma elevada urgência em sua necessidade de entrar ali, seus segundos serão um "tantinho" mais rápidos do que os dos outros. Daí a frustração.

O tempo realmente é rápido quando você está em elevado estado de alerta. Quando finalmente o dia termina, você se lembra da velocidade com que o tempo passou.

Em emergências, o relógio neuronal pode aumentar muito mais a velocidade. Freqüentemente as pessoas relatam que, num acidente, tudo parece ter acontecido em câmera lenta. Na verdade, eram elas que estavam pensando num ritmo mais veloz.

Em casos raros, quando o relógio interno é destruído por uma doença ou um acidente, o tempo toma formas estranhas. Se os tiques ficam mais lentos devido a danos no sistema, a pessoa verá o mundo correndo numa velocidade alucinante. Oliver Sacks, em *Awakenings* (Despertares),[2] descreve um grupo de pacientes para o qual o tempo parou. A encefalite letárgica, uma infecção no cérebro, os deixou congelados, imobilizados. O tratamento com uma nova droga, a L-dopa, os trouxe de volta de um estado que descreveram ser um mundo onde o tempo permanecia imóvel.

Na juventude, os dias são curtos e os anos, longos; na velhice, os anos são curtos e os dias, longos

(Nikita Ivanovich Panin, 1718-1783)

As pessoas idosas acham que os anos voam depressa demais e que as novidades parecem se mover a uma velocidade aterrorizante. O relógio interno delas ficou mais lento. Seus parentes idosos são realmente mais vagarosos.

Se você fica olhando a panela, a água nunca ferve

(Esta frase foi registrada pela primeira vez em 1848, no romance *Mary Barton*, de Elizabeth Gaskell)

O tempo certamente parece não passar, agora que você precisa ficar cuidando de uma panela no fogo. Muito pelo contrário. Um dia gasto em se cuidar de panelas no fogo ou olhando para portas de elevadores (veja p. 192), parado do lado de fora do banheiro (veja p. 48) ou esperando em algumas filas (veja p. 181) parece durar uma eternidade. Aqui, a ansiedade que acelera o seu relógio faz com que três minutos pareçam ser cinco.

A recordação de eventos como estes parece reverter o quadro. O dia que parecia muito curto quando você o estava vivendo é lembrado como um dia comprido, repleto de eventos, enquanto o dia monótono, dedicado a cuidar de panelas no fogo, mal deixa rastros, porque não há nada ali para se lembrar.

Os atalhos são os caminhos mais longos

Frase que provoca um arrepio na espinha: "Conheço um atalho." Todos os passageiros mentalmente acrescentam cerca de duas horas ao tempo de viagem.

Qualquer caminho novo é um problema. Você não quer entrar numa rua errada e acabar em Madagascar. Verificar o roteiro e se lembrar dos pontos de referência a cada centímetro do caminho é exaustivo para o cérebro. Quando você se recorda do trajeto, mais tarde, sua memória está repleta de incidentes, temperados com a urgência e o medo de se perder. Por isso, parece que foi um trajeto longo.

Na próxima vez que você tomar o atalho, será mais fácil. A ansiedade será menor, o relógio interno estará funcionando mais devagar. Haverá menos sensação de pressa. Incidentes e pontos de referência já estarão "mastigados" – de forma que "igreja, depois posto de gasolina, dois faróis, passar pelo salão de beleza para cães e entrar na primeira à esquerda" irá se transformar em uma lembrança mais curta e organizada: "esquerda no final da High Street".

Mas são necessárias algumas viagens para que um atalho realmente comece a parecer um atalho.

As pessoas gostam de planejar atalhos em seus roteiros. Esta é uma idéia risível em cidades como Londres, onde as placas de contramão e sistemas de mão única foram especificamente planejados para frustrar os apreciadores de atalhos. As ruas estão marcadas no mapa, mas não há como saber se será permitido usá-las, de forma que o mapa de Londres é quase tão útil quanto o I-Ching quando se precisa cruzar a cidade. Os sinais de trânsito irão empurrá-lo para onde bem quiserem. Tudo o que o mapa pode fazer é demonstrar exatamente o quanto você está longe do seu rumo certo.

Isso explica outra experiência de Murphy bastante comum...

A ida sempre demora mais do que a volta

Na primeira vez que você faz um caminho, tudo é novo e diferente; tudo vai para os bancos de memória. Todo o córtex está fervilhando com as novas impressões. O caminho de volta será menos abastecido de novidades e vai parecer mais curto.

Você acorda dois minutos antes do despertador tocar

Este é um belo exemplo da perversidade da Lei de Murphy. Um pouco antes de o despertador tocar, seus olhos se abrem de repente. Você pensa: "Ótimo, muito bem, estou completamente acordado e pronto para pular da cama, e ainda tenho dois minutos para uma cochilada rápida." Você desliga o despertador e fecha os olhos só um pouquinho. A próxima coisa que vai ouvir são os bombeiros derrubando sua porta porque achavam que você estava morto. São cinco da tarde.

Nós temos um ritmo circadiano natural que nos acorda durante o dia e nos faz dormir à noite. É diferente do relógio neuronal – este é químico, controlado nas profundezas do cérebro pelo hipotálamo. O hipotálamo faz com que a pituitária secrete o hormônio melatonina à noite. A melatonina provoca entorpecimento e sono. O problema do hipotálamo é que ele está no meio do cérebro, onde é sempre escuro. Como ele pode dizer se está controlando o tempo de maneira certa? Se lá fora é dia ou noite? Ele precisava de uma janela para o mundo externo, e conseguiu obter uma, por bem ou por mal. Conectou-se ao nervo ótico, que passa logo abaixo dele no cére-

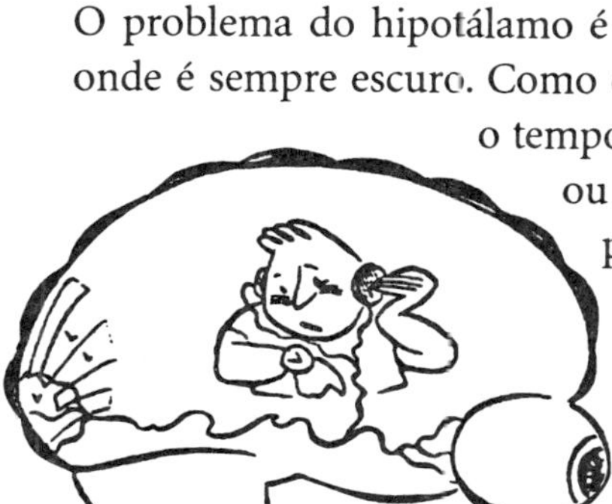

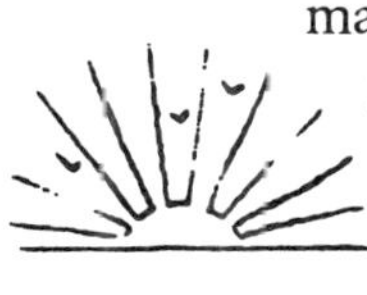

bro, e, dessa forma, pode agir regularmente como um *hacker* nas atividades de algumas moléculas interessantes na retina.

Ali nas células da retina, um par de genes com os nomes ligeiramente suburbanos de *TIM* e *PER* trabalham incessantemente na produção de moléculas de proteína chamadas, por mais surpreendente que pareça, de TIM e PER.* A produção começa na hora do almoço e prossegue até o amanhecer do dia seguinte, quando haverá tantas proteínas TIM e PER que os genes *TIM* e *PER* ficam totalmente sufocados por elas, desistem e param de trabalhar. As proteínas TIM e PER agora começam a se desintegrar, até que, por volta do meio-dia, os genes *TIM* e *PER* olham em volta, percebem que há espaço outra vez e recomeçam a produzir proteínas. O ciclo completo leva aproximadamente 24 horas. ("Circadiano" vem do latim *circa*, "por volta de", e *dies* "dia".) O mais interessante é que esta reação é sensível à luz, então irá se harmonizar com o ritmo do dia. Enquanto o hipotálamo bisbilhota toda esta saga, pode ajustar o próprio ciclo da mesma forma.

Mesmo sem a luz externa, o ritmo circadiano prossegue de maneira bastante automática. Em 1972, Michel Siffre passou sete meses no subsolo, sem qualquer indicação de qual seria a hora do dia lá fora. Mesmo no final de sua estada o seu ritmo de sono/despertar estava próximo das 24 horas. *TIM* e *PER* são necessários para evitar o acúmulo de erros no longo prazo.

Mas a coisa toda se atrapalha quando viajamos para o exterior. Os seres humanos não evoluíram para sair pulando de um lado para outro do planeta; portanto, o resultado é o *jet lag*, quando caímos num sono profundo logo depois do almoço e depois saltamos da cama prontos para o café-da-manhã ao soar da meia-noite. Se passarmos a dormir com as cortinas abertas, nossos *TIMs* e *PERs* podem identificar o problema e levar o ritmo circadiano de volta ao normal, bem a tempo de voarmos de volta para casa e para mais um *jet lag*.

---

*Do inglês *timeless* (infinito) e *period* (período). (*N. do E.*)

Um homem com um relógio sabe que horas são;
um homem com dois relógios nunca tem muita certeza

(Lee Segall)

Os paleolíticos tinham apenas um relógio: aquele grande e redondo no céu. Seu dia era regulado pelo Sol e não havia como trapacear; nada de mudanças num Sol falso para ganhar umas poucas horas extras à noite. Quando o Sol dormia, eles também dormiam.

As primeiras tentativas de se registrar o tempo não foram ambiciosas – os primeiros cientistas tentavam calcular o quão longo era um ano. Os egípcios adivinharam 365 dias. Na época de Júlio César, eles aumentaram para 365,25 dias e o calendário Juliano foi estabelecido como padrão mundial em 48 d.C. Infelizmente, estava errado. Na verdade, um ano tem 365,242199 dias. Portanto, o calendário Juliano errava em cerca de 11 minutos todos os anos. Isso não é ruim, mas também não é suficientemente bom. Gradualmente, o calendário oficial começou a se arrastar à frente do verdadeiro. Cerca de 1.600 anos mais tarde, no século XVI, o pessoal do campo passou a ficar seriamente preocupado com a maneira como as estações do ano estavam fora de ordem. E realmente estavam, por 11 dias. Em 1582, o Papa Gregório teve de admitir o erro, e 11 dias foram removidos do calendário. O pessoal do campo ficou furioso, é claro, com 11 dias roubados da vida deles. Eles os queriam de volta imediatamente (o que quer que signifique "imediatamente"). Com o tempo, embora de má vontade, eles acabaram aceitando o calendário Gregoriano, mas a Grã-Bretanha e a América do Norte só se adaptaram ao novo ajuste dois séculos de-

pois. (É por isso que, embora George Washington tenha nascido no dia 11 de fevereiro, seu aniversário é comemorado em 22 de fevereiro: o calendário foi mudado durante seu período de vida.)

Mesmo depois que os relógios foram inventados, no século XIV, o tempo era um conceito bastante vago. Ninguém se incomodava em colocar os ponteiros de minutos nos relógios, por exemplo; não havia sentido, nem necessidade. A precisão na contagem do tempo aconteceu de repente, quando Huygens inventou o relógio de pêndulo, em 1656. Finalmente um aparelho que poderia ser exato em até dez segundos por dia. Ainda assim, a maioria das pessoas regulava a vida pelo Sol e pela adivinhação. Os relógios das igrejas mostravam apenas a hora local.

A necessidade da contagem exata do tempo em nível nacional foi um advento do século XIX, com a chegada dos trens. Quando as pessoas começaram a aparecer em Manchester uma hora antes de sair para Liverpool, percebeu-se que já era tempo de coordenar os relógios das igrejas locais com os horários dos trens.

No que se refere à mensuração, a partida de futebol é um caso à parte. Todos os padrões de referência são cancelados, o mundo real retrocede e uma nova realidade se revela.

O último minuto de um jogo dura uma hora

Seu time está com um gol de vantagem, falta um minuto para o jogo acabar, o outro time está na boca do gol e a bola vai *ponk, ponk, ponk* contra a trave. Se ao menos aquele juiz desgraçado, que obviamente foi comprado pelos cartolas do time adversário, levasse o apito até a boca... Ou olhasse o relógio. Como um minuto pode durar tanto tempo? Bem, você sabe: é porque você está em pânico. Seu relógio interno está disparado – o relógio do juiz está se arrastando.

O gol do outro time é menor; o goleiro do outro time é maior; pensando bem, o outro time inteiro é maior

Já reparei uma coisa, depois de anos participando de jogos, e depois vendo meus filhos jogando em times: os adversários sempre são maiores. Meus limitados conhecimentos de matemática me dizem que isso não é possível. Não sempre. Só podia ser uma ilusão causada pelo medo do inimigo.

Para alguém com uma imaginação ativa, todo jogo de futebol é repleto de inconsistências. Exceto pelos óbvios fatos de que o goleiro fica mudando as traves de lugar e que o juiz é cego, o campo nitidamente se inclina a favor do time adversário no primeiro tempo, e o vento sopra a favor dele no segundo.

Os psicólogos, às vezes, consideram se nossa imagem do mundo é menos como uma fotografia e mais como um ícone medieval em que as pessoas importantes são pintadas em tamanho maior do que as pessoas comuns, as pessoas bondosas cintilam e flutuam no céu e as maldosas são terrivelmente quentes e vivem em buracos no solo. Ali no campo de futebol, o time inimigo é enorme, impiedoso e ameaçador, e nossos corajosos rapazes são muito amados por suas mães. Se o lado adversário vencer, será o fim da civilização; se nós vencermos, será o triunfo da verdade.

Se esta imagem é verdadeira, acrescentaria uma distorção extra à constância do tamanho (abaixo): a capacidade do cérebro de "expandir" objetos distantes para que "combinem" com os mais próximos.

Os objetos distantes realmente crescem para refletir sua importância? Num famoso estudo,[3] algumas moedas foram exibidas a dois grupos de crianças e pediu-se que elas adivinhassem seu tamanho. Um dos grupos era formado por crianças de famílias mais ricas, e o outro, de crianças mais pobres. Todas elas superestimaram o tamanho das moedas, porém as crianças pobres superestimaram mais. Isso se encaixa perfeitamente com a idéia de que nossa mente considera que o tamanho é secundário em relação à importância e ajusta a imagem de acordo com isso.

A Lua encolhe nas fotos

Uma das minhas obrigações mais desagradáveis é lembrá-lo daquela vez em que você tirou uma foto da Lua porque ela estava tão enorme e maravilhosa no céu noturno, e, depois, quando olhou para a foto revelada viu um negro total, com um pontinho branco no meio. Por que a Lua parece tão imensa no céu e tão insignificante nas fotos?

Este é o exemplo mais absurdo de constância do tamanho, uma habilidade que você normalmente utiliza para mensurar os objetos a distâncias diferentes de onde está.

Quando está calculando tamanhos, a mente leva em consideração a sua distância do objeto. Se a imagem na retina é pequena, talvez você esteja olhando para alguma coisa enorme no horizonte ou para uma pequena bem diante do seu nariz.

A constância de tamanho expande a imagem mental de coisas distantes. Normalmente você não repara nisso, embora a Lua o tenha enganado direitinho. Eis aqui um exemplo simples da constância de tamanho em ação. A primeira figura mostra duas pessoas caminhando num píer. A segunda fotografia é a mesma, exceto que as duas pessoas foram trocadas.

Isso demonstra o quanto o seu cérebro calcula as distâncias e ajusta os tamanhos para que se encaixem, usando a perspectiva como base. O efeito funciona mesmo se a imagem for substituída por linhas abstratas. Na terceira, a seguir, os retângulos são do mesmo tamanho, no entanto seu cérebro calcula que o direito esteja mais distante e, portanto, deve ser maior.

A ilusão da Lua funciona da mesma maneira. Quando a Lua está no alto do céu, seu cérebro automaticamente calcula sua distância como algo em torno de duzentos metros. (Isso parece ser a "ausência" de distância que você atribui a coisas cuja localização é incerta.) Quando a Lua está baixa, mais perto do horizonte, você percebe que deve estar a uma distância bem maior do que duzentos metros. A constância de tamanho calcula que, dessa forma, ela deve ser muito maior do que você pensava, e é isso que você vê.

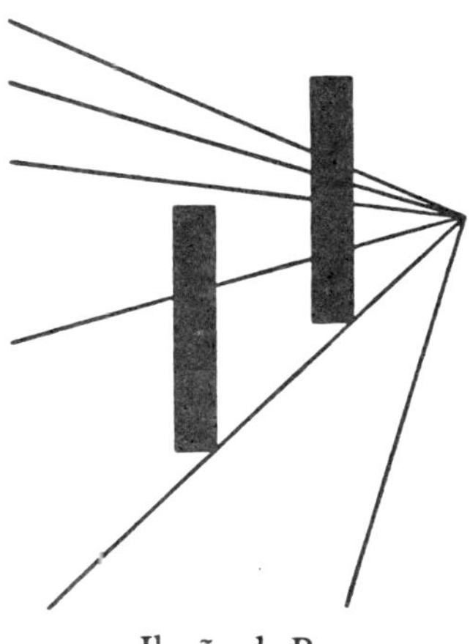

Ilusão de Ponzo.

A gente sempre cozinha arroz demais

Quando você olha dentro da panela de arroz, sua mente se vê à beira do desastre. Como aquilo vai ficar depois que estiver cozido e inchado?

Mensurar o volume é um inferno. Acontece que, qualquer que seja a sua capacidade de mensurar distância e extensão, dar um passo na terceira dimensão é como saltar para o vazio. Experimente o seguinte: olhe para alguém com atenção. Você consegue calcular quantas vezes a circunferência da cabeça dessa pessoa caberia na altura do corpo? Agora, meça; enrole um pedaço de papel em volta da cabeça da pessoa, depois estenda de cima até embaixo e descubra se estava certo.

Outra experiência é juntar uma variedade de copos e canecas, depois agrupar quaisquer deles que você acha que possam conter a mesma quantidade de água. Encha-os com água e veja como se sai. Você ficará surpreso com os resultados.

As tábuas do piso fazem mais barulho justamente quando você quer andar em silêncio

Não vamos entrar em detalhes sobre os motivos pelos quais você está se esgueirando pela casa quando pensa que todo mundo está dormindo. Vamos apenas admitir que todos nós já passamos por isso alguma vez, e que nos admiramos ao perceber o quanto as tábuas do piso de madeira ficam exuberantes na calada da noite.

A explicação salienta o quanto você se adapta aos níveis de ruído ambiente. Durante o dia, a casa é muito barulhenta, embora raramente você perceba.

Porém, muitos dos sons que preenchem sua cabeça de dia desaparecem à noite – o tráfego, os ruídos da rua, o ar-condicionado, o aquecedor central, o zunido do computador, os cachorros, os helicópteros – todos adormecidos agora. É surpreendente o ruído que todas essas coisas produzem juntas, e o quanto você se acostuma com ele durante o dia. O rangido de uma tábua de madeira ficaria perdido em meio aos ruídos do meio-dia, mas, no silêncio da meia-noite, soa como um tiro.

A música está muito baixa para você e alta demais para os outros

Ninguém escapa da adolescência sem ouvir aquelas palavras imortais ressoando pela escada acima: "QUER FAZER O FAVOR DE DIMINUIR ESSE BARULHO!!!!!" Mais uma vez os "pé-na-cova" estão reclamando de sua música. O que se pode fazer?

Existem dois problemas aqui. Um é que você se habituou ao som do seu aparelho. Sua mente considera o volume normal, de forma que qualquer som mais baixo vai parecer "baixo demais". Esta adaptação explica muitas das singularidades de nossa vida, não apenas as auditivas, mas também as olfativas. Se você passa muito tempo num cômodo com outras pessoas, acaba se acostumando com o odor que todos produzem, e assim não consegue entender o motivo de tanta agitação quando alguém novo entra e corre para abrir a janela. Quando os astronautas da década de 1970 voltavam de seus vôos recordistas em resistência no espaço, as equipes de solo provavelmente tinham de tirar a sorte nos palitinhos para decidir quem iria abrir a porta da cápsula espacial em que eles estiveram transpirando e eliminando gases durante semanas.

O segundo problema é que o que pode estar "ferindo" os ouvidos sensíveis dos outros talvez não seja o volume, mas seu gosto musical. Um tipo de adaptação estética lhe permite acreditar que baixo e bateria são o máximo, e permite que eles acreditem que Mozart é maravilhoso. Os dois lados desse abismo de gosto musical pessoal irão afirmar que a música do outro é desagradável, repetitiva e previsível, enquanto a própria é a melodia dos céus. Kin Hubbard disse que "a

música clássica é do tipo que achamos que irá se transformar num *jingle*", e pode-se entender o seu ponto de vista, embora os classicistas afirmem que a música pop é do tipo que jamais escapa de ser um *jingle*.

Uma solução útil para o problema é baixar o grave dos amplificadores. São as notas em baixa freqüência que transitam pela casa, enquanto as notas de alta freqüência são absorvidas pelas paredes do seu quarto. Reduza o grave e o som terá uma chance maior de ficar confinado em seu quarto.

Não importa o quanto a água esteja quente, você sempre sente frio quando sai do banho

Aquele tremor desconfortável que você sente depois de um banho longo, quente e agradável pode ser facilmente remediado: não tome um banho quente; tome um banho frio e sentirá calor quando sair.

Quando a água quente cai em seu corpo, os sensores de calor da pele dizem ao hipotálamo que você está quente demais. O hipotálamo envia uma série de comandos. Um deles é deixá-lo vermelho como um camarão – pelo menos este é o efeito colateral do aumento de fluxo sangüíneo na pele para diminuir o calor na superfície. O hipotálamo também faz com que você comece a transpirar. A transpiração é uma utilização brilhante da física: exige um bocado de calor ("calor latente") para fazer a água evaporar. Se a água está em sua pele sob o Sol escaldante, então o calor do Sol é usado para evaporar a água, e não para fritá-lo.

Mas este sistema evoluiu para lidar com o ambiente da Idade da Pedra – Sol quente e ar seco, e não banhos quentes. No chuveiro, tudo o que o suor faz é se acrescentar à agua quente. Quando você sai do banho, está superaquecido. Qualquer cômodo, por mais quente que esteja, parecerá frio sob tais circunstâncias. Em pouco tempo, você estará tremendo, porque finalmente a evaporação da transpiração irá começar, a fim de cumprir a função de esfriá-lo.

RESUMO

- O mundo exterior mal limpou os pés no capacho de entrada de sua mente e você ainda nem tem certeza de com quem ou com o quê está lidando. Para os paleolíticos, a exatidão não era uma alta prioridade. Eles não mensuravam as coisas em milímetros, como normalmente fazemos. Seu sistema de contagem era simples, talvez surpreendentemente simples: ainda hoje, existem tribos que não possuem palavras para descrever quantidades acima de dois (veja p. 186). Os paleolíticos não se atrasavam para nada, porque o próprio planeta é um péssimo cronometrista que, em alguns anos, produz a primavera amigavelmente cedo, remove-a dois meses depois com uma onda de frio e, em seguida, devolve-a pela metade.

- Atualmente, precisamos inventar novas palavras para nos manter em dia com o mundo neuroticamente hiperexato. A recém-forjada "atossegundo" se refere a um bilionésimo de bilionésimo de segundo. Somente o mais meticuloso dos *chefs* usaria os atossegundos para cozinhar um ovo. (Se o atossegundo fosse expandido para ter um segundo, então um de nossos segundos duraria 30 bilhões de anos – duas vezes a idade do universo.) Mas, se você quer cronometrar quanto tempo leva para um elétron se mover de uma órbita a outra em torno do seu núcleo do átomo, pode usar seu cronômetro atômico.

- As ilusões de ótica nas imagens a seguir são fáceis de se imprimir num livro, mas o amplo e imenso mundo das ilusões envolve todas as dimensões – tempo, som, distância, tamanho, volume, temperatura, peso; são todas consumidoras exigentes. E, como você verá, os processos seguintes pelos quais elas passam nem sempre deixam as coisas mais claras.

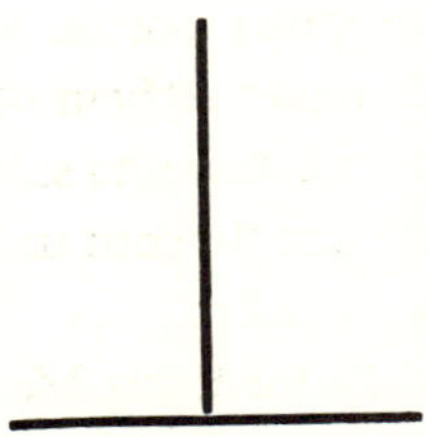

Que linha é mais comprida – a horizontal ou a vertical?

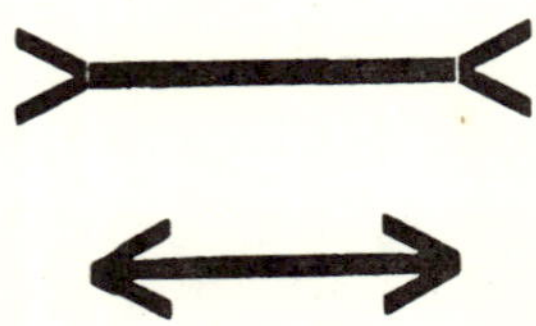

Que linha é mais longa?

As duas barras horizontais são do mesmo tamanho.

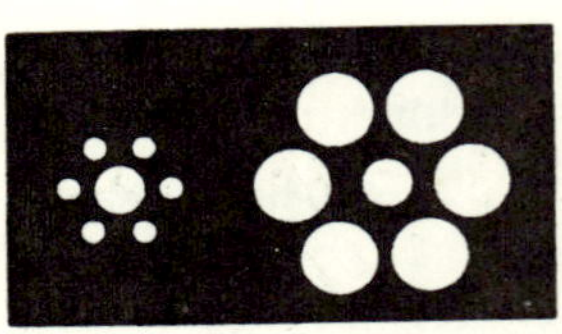

Os círculos centrais de cada desenho são do mesmo tamanho.

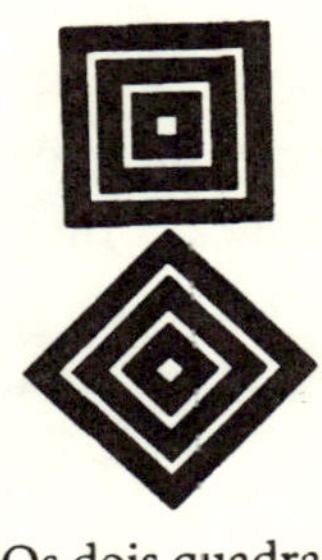

Os dois quadrados são idênticos.

O quadrado branco é do mesmo tamanho que o preto.

3

Lembranças

Como estamos nos saindo com o nosso quebra-cabeça? Quando olhamos para uma peça de quebra-cabeça, tentamos descobrir o que há nela. Um borrão azul pode ser o céu, uma pincelada de verde pode ser a grama, um círculo com um pontinho poderia ser um olho. A fim de verificar, olhamos para a figura-guia na caixa. Se a figura mostra uma cena campestre com pessoas, então estávamos certos quanto ao céu, a grama e o olho. Se o guia mostra uma sala de computadores, é hora de repensarmos: aquele círculo com um ponto poderia ser o botão de uma máquina, não um olho.

Em nosso quebra-cabeça mental, a "figura-guia" é a memória. Mas temos muitas memórias; muitas figuras-guia. O círculo com um pontinho bem poderia ser o cano de uma arma, um botão de camisa, uma aliança de casamento, um símbolo num mapa... Qual desses está certo? Isso depende de nossas expectativas. Aqui, entramos num mundo ligeiramente sombrio; nós vemos, num certo sentido, o que queremos ver. Grande parte do campo de ação das Leis de Murphy reside aqui.

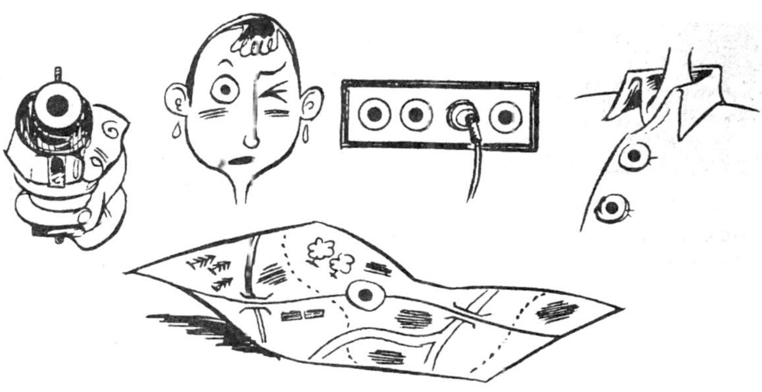

E, agora, quantos degraus você vê?

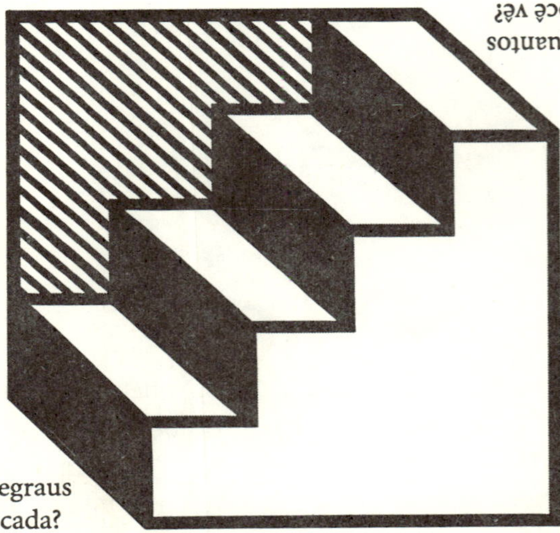

Quantos degraus há nesta escada?

Isso pode ser demonstrado por um simples truque. Esta peça de quebra-cabeça mostra a figura de... o quê? Uma série de linhas, só isso.

Nós vemos um lance de escada porque fomos buscar na memória o que esta figura nos faz lembrar. Aqui está uma ilusão de ótica: vire a figura ao contrário e o papel de parede listrado irá se mover dos fundos para a frente da escada, e um dos degraus desaparece. Esta mágica acontece porque a única lembrança que temos é de ver a escada de baixo para cima. Não nos lembramos de uma escada virada de cabeça para baixo, pois nunca vimos tal coisa. Por isso, em vez de dizer "isso é uma escada... e aqui está a mesma escada, virada de cabeça para baixo", dizemos "isso é uma escada... e esta é uma outra escada". Isso demonstra claramente que o que vemos depende de nossas expectativas, e que nossas expectativas dependem de nossas lembranças.

A chave para a memória é a sinapse, o ponto em que os nervos se unem. "Unir" talvez não seja a palavra correta, porque eles não se juntam; existe um minúsculo espaço entre o final de um nervo e o começo do outro: é a sinapse. Quando um sinal atinge o terminal de um nervo, ele faz com que moléculas transmissoras especiais saltem através deste espaço, e o efeito é que o nervo seguinte envia o sinal

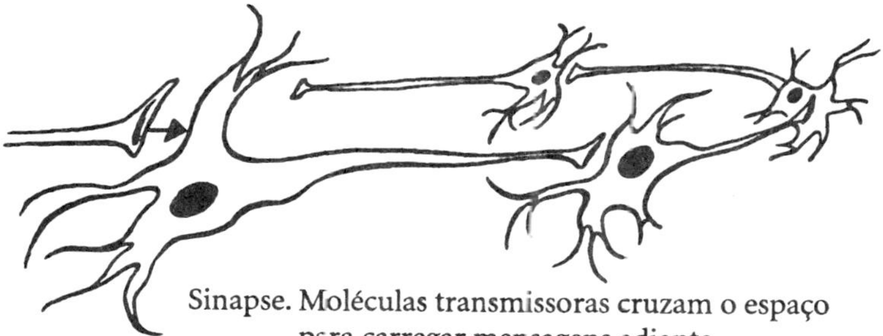

Sinapse. Moléculas transmissoras cruzam o espaço para carregar mensagens adiante.

adiante. Desde que os nervos não são realmente unidos, a conexão é flexível. Esta é a chave da rica complexidade da experiência humana. Se os nervos fossem unidos como fios numa tomada, retorcidos ou soldados juntos, não haveria mudança possível desde o nascimento até a morte. Todos os seres humanos se comportariam da mesma maneira durante toda a vida. Embora você possa ter a impressão de que é exatamente assim que algumas pessoas agem, não é verdade. Esta leve separação significa que o nervo receptor pode mudar de posição, pode mover-se para mais perto de outros nervos receptores ou para mais longe. Ele pode até mesmo desistir. No outro lado do pequeno espaço, o nervo seguinte pode demonstrar a mesma excentricidade. Talvez decida disparar uma das mensagens que chegam ou talvez prefira receber várias cargas antes de disparar. [1]

Mas existe uma coisa que todos os nervos parecem compartilhar: uma vez que dispararam uma determinada sinapse, tendem a fazer isso com mais facilidade na vez seguinte. Em outras palavras, ela guarda a lembrança da última vez em que disparou, o que irá causar o disparo novamente. Isso é chamado de "potenciação no longo prazo", que é exatamente a memória. Quando duas coisas acontecem ao mesmo tempo, tendem a ficar atreladas na mente; como se diz nos laboratórios, "neurônios que disparam juntos se ligam juntos".

Na primeira vez em que uma criança experimenta sorvete, ela faz uma ligação entre aquele novo e estranho formato em sua mão e o novo e estranho sabor em sua língua. Os neurônios envolvidos são potencializados no longo prazo; agora isso é uma lembrança. Na próxima vez em que a criança vir aquele mesmo estranho formato, a ligação com o "gosto estranho" será disparada, e ela vai se lembrar do sabor mais uma vez, vagamente a princípio; a cada sorvete, a ligação vai ficando mais forte. Depois de mais uns poucos sorvetes, a lembrança é fixada para sempre.

No escuro, há sempre mais um degrau do que você pensava

As lembranças são armazenadas em diversos lugares no cérebro. As lembranças de como fazer as coisas (por exemplo: como descer uma escada) são guardadas no putâmen. Lembranças de eventos (por exemplo: escadas interessantes que você desceu no passado) são depositadas no hipocampo. Lembranças de fatos (por exemplo, como são as escadas) espalham-se em torno do córtex. Algumas lembranças "emocionais" (por exemplo, encontrar um último degrau na escada, que não deveria estar ali) desaparecem na amígdala.

Talvez fosse útil se a lembrança de "fatos" incluísse um inventário de quantos degraus existem em todas as escadas que você já desceu. Mas vamos admitir que não conseguimos guardar todos os detalhes de cada uma das coisas. Se pudéssemos quadruplicar o tamanho de nosso cérebro, então, sim, tudo bem – se enchêssemos o crânio com mais 5 quilos de matéria cinzenta, então nada mais nos surpreenderia, certamente não aquele degrau a mais. Sem essa carga extra no crânio, simplesmente não temos capacidade de saber tudo. (Nós temos a capacidade de acreditar que sabemos tudo, mas isso é outra história.) Até lá, o degrau a mais continuará sendo uma surpresa.

No caminho entre um cômodo e outro, a memória se apaga

Você está trabalhando em algum projeto de artesanato complicado, grudento e cheio de detalhes na mesa da sala de estar. Precisa de alguma coisinha que está na outra sala. Você vai até lá, pára de repente e fica ali pensando: "O que estou fazendo aqui?" Por que isso acontece?

Enquanto você estava na mesa, seu cérebro estava repleto de um intenso entrelaçamento de sensações: o cheiro da cola, os sons do papel, o toque dos materiais, a luz dos abajures, as ondas de emoções enquanto você se conduzia ao longo de uma série de pequenos triunfos e desastres com a tesoura e a fita adesiva. Todos os diferentes componentes estão baseados em partes distintas do cérebro (imagens no córtex visual, sons no córtex auditivo etc.), mas eles estão ligados pelos nervos, como uma frouxa tapeçaria neural tecida em torno do córtex.

Ali, naquele novo cômodo, com suas novas cores, odores e sons, nada existe para lembrá-lo do que, exatamente, você estava fazendo; nenhuma ligação com os fios da memória anterior. Conseqüentemente, o esquecimento.

A memória é uma coleção de conexões.

Às vezes, ajuda falar em voz alta o nome do objeto que você deseja enquanto sai para buscá-lo. Já se sabe que, quando repetimos em voz alta um número de telefone, fica mais fácil memorizá-lo. E isso é fácil de entender: a lembrança de um número que você acabou de ouvir será pequena (apenas uns dois fios da tapeçaria, ligando o córtex auditivo à área de reconhecimento de fala que está ali perto, chamada de área de Wernicke). Dizer o número em voz alta envolve mais áreas do cérebro: zonas de decisão e fala, córtex motor e até mesmo o córtex auditivo novamente, quando você se ouve repetir o número. Então, a tapeçaria será maior, e a lembrança, mais duradoura.

As portas da frente se fecham no instante em que você se dá conta de que deixou a chave do lado de dentro. Elas se fecham ainda mais rápido se você deixou também o guarda-chuva, do qual precisa porque está chovendo

É como um tipo de momento zen: a porta da casa se fecha e as portas da percepção se abrem. Acredito que isso está intimamente ligado à perda de memória entre um cômodo e outro. Quando você está dentro de casa, a tapeçaria neural de visões e odores é "doméstica". Lá fora, você penetra numa tapeçaria "estrangeira", e diferentes lembranças e associações (como a necessidade de ter a chave da porta) são acionadas.

Em alguns ambientes domésticos, existe, um pouco antes de sair, um momento de reflexão no instante em que você pára do lado de dentro da porta da frente: a mente pode relaxar, ampliar as buscas e imaginar-se já a caminho. Então, as coisas de última hora podem ser analisadas a tempo de se evitarem inconveniências, tais como tentar ligar para os bombeiros pelo celular que subitamente você se lembrou de ter deixado perto do guarda-chuva, que está ao lado da chave da porta, que está dentro da casa.

Depois de ter entrado na rua errada uma vez, você continua errando sempre

O que torna isso particularmente irritante é que, cada vez que entra na rua errada, você se lembra de que entrou ali na última vez, então na vez seguinte tenta com ainda mais afinco não errar, porém em vão: você entra na rua errada novamente.

O motivo para isso é um estranho subterfúgio da memória. Conforme se aproxima da rua onde deve virar, você tenta se lembrar do que aconteceu na última vez. Você não consegue desenterrar nenhuma lembrança do que acontece se virar à esquerda. No entanto, a entrada para a direita parece conhecida. Você se recorda de algo interessante acontecendo quando esteve ali. Assim, pesando uma dúvida contra uma certeza, você vai pela direita.

Aquela visão do malfadado entroncamento de ruas acionou a lembrança de algo interessante à direita. Esta associação de duas lembranças é chamada de reflexo condicionado. Na Rússia, cem anos atrás, Ivan Pavlov realizou uma série de famosas experiências com cachorros. Ele tocava um sino todas as vezes em que os alimentava. Com o tempo, os cães associaram os dois eventos e passaram a salivar automaticamente sempre que ouviam o sino. Muitos psicólogos consideram o reflexo condicionado como a base geral do cérebro.

(Os reflexos condicionados acontecem nos lugares mais estranhos. Alguns amigos me disseram que basta escutarem um alarme de incêndio para que sintam fome. Esta é uma reação peculiar, mas guarda um motivo: quando eram crianças, o som do alarme de incêndio era o sinal de que o pai deles estava quase terminando de preparar o jantar. Este reflexo condicionado ligeiramente excêntrico permaneceu com eles desde então.)

Para você, o reflexo condicionado assegura que, quanto mais vezes entrar na rua errada, mais provável será que entrará na rua errada na próxima vez.

O que você poderia fazer, neste caso, é uma terapia de aversão. Se no instante em que virasse à direita você recebesse um poderoso choque elétrico, certamente se lembraria de não repetir o erro. Na vez seguinte, quando se aproximasse do entroncamento, o circuito da memória iria conectar "virar à direita" com "dor" – outro tipo de reação condicionada.

Agora, você poderia argumentar que já recebe um choque desagradável – as crianças dizendo "Puxa, pai, que burrice. Nós entramos na rua errada outra vez" –, mas isso sempre acontece depois, quando a rua se transforma numa estrada de terra. Para ser eficiente, o choque precisa acontecer simultaneamente à visão do entroncamento; do contrário, a conexão não é feita.

Jogo da memória: a mesma carta aparece todas as vezes

No jogo da memória, você põe um baralho virado para baixo e depois se reveza com seus companheiros para virar duas cartas de cada vez, na esperança de que formem pares. Mesmo os maiores viciados neste jogo vêem-se retirando a mesma carta repetidas vezes. A carta acaba se transformando numa "amiga da família", embora os faça perder o jogo.

Eu acredito (e espero que me ofereçam um patrocínio para realizar pesquisas que provem esta teoria) que um reflexo condicionado é estabelecido em torno da carta falsa e, então, quando você olha para ela, reconstitui uma lembrança de que seja boa e amigável, e é isso que guia a sua mão.

Depois que você ouve uma palavra nova, passa a ouvi-la o tempo todo

Aqui voltamos à potenciação no longo prazo – a tendência de uma tapeçaria neural ser fortalecida por encontros repetidos. Na página 4 vimos como poucas palavras são realmente lembradas no zunzunzum que nos rodeia. Quando uma palavra nova – como "potenciação", talvez – nos chama a atenção, ela tece uma pequena e nova tapeçaria na região de reconhecimento de palavras do cérebro, usando a potenciação no longo prazo. Quando a palavra surge novamente, a memória é reacendida. Subitamente, "potenciação" se destaca dos demais murmúrios e se registra em sua consciência. "Caramba, ultimamente tenho escutado essa palavra o tempo todo", você diz.

(Isso também é conhecido como o Efeito do Fusca Azul, em homenagem ao sujeito que tentou comprar um carro que fosse facilmente identificado num estacionamento cheio. Ele achou que um Volkswagen azul seria o ideal, pois quem é que tem um Fusca azul? Assim que levou o carro para as ruas, reparou que havia Fuscas azuis por toda parte.)

As únicas músicas que você não consegue tirar da cabeça são aquelas que nem deveria ter permitido que entrassem

Depois de tantos anos de música popular e apenas 72 notas para compô-las, era de se pensar que todas as músicas já teriam sido criadas. Mas nada parece ser capaz de deter a crescente produção de músicas irritantes. Elas jorram para fora das gravadoras aos borbotões. Felizmente, apenas algumas chegam a ter sucesso, mas estas foram selecionadas pela tenacidade mental, geralmente usando-se uma técnica chamada de "Teste do Assovio dos Grisalhos". A música é tocada para um porteiro ou um zelador de edifício, que depois é convidado a dar sua opinião. O pedido de opinião é mera formalidade, pois o que realmente importa é o que acontece depois. O porteiro grisalho é secretamente observado quando sai do prédio. Se ele estiver assoviando a música, então ela deve ter-se fixado em sua mente. Este é o primeiro e principal teste para se lançar uma música de sucesso.

Quando está procurando alguma coisa, você volta ao mesmo lugar muitas e muitas vezes

Existe um momento na vida de todos nós em que pensamos: "Espero que ninguém esteja me vendo, pois me sinto um idiota." Isso acontece quando acabamos de olhar pela décima vez o lugar onde tínhamos deixado um livro, e sabemos que ele não está lá, mas então resolvemos checar mais uma vez. E, não, ele ainda não está lá, mas damos só mais uma espiada para ficarmos duplamente convencidos. Por que ficamos procurando no mesmo lugar, embora saibamos que o objeto não está ali? Porque, na vigésima vez, lá está ele!

O mistério dos objetos invisíveis tem intrigado as pessoas há séculos. Em épocas mais recentes, os estudiosos do *quantum* já se perguntaram se o objeto desliza para um universo paralelo, onde permanece até a compra de um substituto. Dois mil anos atrás, Arquimedes teve uma resposta, baseado na curiosa ciência de seu tempo. A teoria era de que a visão era um processo ativo, não passivo. Em vez de permitir que raios de luz entrassem pelos olhos, a visão era estimulada a enviar raios para fora, como faróis, para vasculhar a área. Se os raios de busca fossem focalizados da maneira errada, não encontrariam o objeto.

Hoje, a verdade já é conhecida. Quando estamos procurando um livro, por exemplo, não olhamos de fato para todas as coisas, nós pegamos um atalho: desenterramos as lembranças no córtex em busca da imagem daquilo que estamos tentando encontrar. Com isso em mente, rastreamos rapidamente o cômodo, procurando alguma coisa que combine com a imagem. É um truque esperto.

O problema acontece quando estamos com pressa. Na esperança de um ganho rápido, rastreamos um espectro estreito de opções – talvez apenas a capa vermelha do livro – e simplesmente não reparamos em mais nada. O que é um problema, porque, se por acaso deixamos o livro virado do outro lado, com a capa escondida, a combinação jamais acontecerá.

A solução é simples: saia da sala e vá tomar um café. Enquanto você estiver distraído preparando o café e arrumando a xícara, a mente ampliará suas buscas. Quando você voltar, em vez de estar apenas com a imagem do vermelho em mente, vai procurar por qualquer tipo de "livro". Agora, a combinação acontecerá rapidamente, e você ficará imaginando por que não o enxergou logo na primeira vez.

O efeito macarrão: quando finalmente você resolve perguntar ao funcionário do supermercado onde está o macarrão, os pacotes estão ali, bem ao seu lado

Esta é uma ocorrência assustadoramente freqüente. A "coisa" surge no momento mais constrangedor, pelo menos é o que parece. Você ficou um tempão procurando nas prateleiras, com a imagem do pacote de macarrão em mente. Quando chegou a hora de desistir, sua mente relaxou, o conceito de "macarrão" se ampliou e o pacote surgiu ali, visível. De repente, era você que parecia um macarrão.

O efeito macarrão.

Isso acontece tantas vezes, com tantos de nós, que talvez você fique tentado a pensar que o cérebro da nação começou a se degenerar. Mas nosso cérebro evoluiu para viver entre árvores, rochas e cabras, e não para as ofertas especiais de compre-dois-e-leve-três. As plantas paleolíticas não competiam por nossa atenção com o mesmo zelo dos fabricantes de xampu; as rochas não têm a mesma variedade de cores e tamanhos que os cereais matinais.

> Aquela coisa feia, pesada e inútil ficou guardada no fundo do armário por 20 anos. No dia seguinte em que você a joga fora, precisa dela com urgência

Ah, a maravilha do glorioso armário, cheio de objetos que talvez sejam úteis algum dia. Todos esquecidos, agora, porque a lata de filme, o vidro cheio de argolas de cortina, o pacote de fusíveis e os fios da tevê foram enfiados ali rapidamente, sem deixar que um traço de lembrança tivesse a chance de se formar em sua mente. Em conseqüência, tudo foi esquecido. Apenas o ato de jogá-las fora faz com que uma lembrança se forme. Tarde demais, é claro.

Déjà-vu: é preciso ver para crer

Aquela extraordinária sensação que às vezes você tem (quase todo mundo já teve) de que já passou por uma determinada situação parece sugerir que existe outro "você" num universo paralelo, ou que talvez já tenha estado até numa vida anterior, ou que talvez tenha poderes de prever o futuro. Ou que talvez, apenas talvez, haja algum problema com a sua marcação de tempo.

Um dos aspectos mais importantes na maneira como você lida com o mundo se refere ao tempo. Tudo o que lhe acontece (como estar lendo este livro) se deposita, a princípio, no hipotálamo como uma história estabelecida no tempo, "agora... há pouco... antes disso...". Você se lembra, por exemplo, de que leu estas palavras mais recentemente do que aquelas que estão acima. O hipocampo fornece marcação de tempo para tudo.

Esta função é essencial. Se você não tivesse idéia da ordem dos acontecimentos, seria como assistir a um filme em que as imagens foram reunidas ao acaso. Seu dia ficaria completamente arruinado. Na verdade, a própria idéia de "dia" não teria sentido. O Sol ficaria espreitando em todos os lugares de sua memória. Sua experiência de cada momento está, portanto, fixada num horário mental.

Simultaneamente a isso, você está comparando cada nova experiência com as lembranças e expectativas já armazenadas no cérebro. Se sua experiência de um determinado momento, enquanto ele segue em frente para ser editado no filme, falha em acompanhar a marcação de tempo, o córtex presume que, como esta experiência não se encaixa no presente, deve pertencer à seção da memória – deve estar em algum lugar do passado. Onde, no passado, ele não sabe dizer, portanto as experiências de *déjà-vu* têm histórias indistintas e vagas.

LEMBRANÇAS E ESQUECIMENTOS

Como ficamos felizes quando podemos simplesmente esquecer nossos problemas. Esquecer é tão importante quanto lembrar. Schopenhauer disse: "Esperar que um homem se lembre de tudo o que já leu é como esperar que ele carregue no corpo tudo o que já comeu." Deve-se permitir que até mesmo os grandes sofrimentos, traumas e desilusões desapareçam em determinados casos. Se assim não fosse, as mães se recusariam a ter mais de um filho.

As lembranças possuem diferentes extensões de tempo. Algumas são realmente breves: a lembrança do trabalho, que lida com a tarefa do momento (no meu caso, digitar este parágrafo), utiliza a memória de curto prazo para selecionar informações e, em seguida, atirá-las no esquecimento alguns minutos depois. No outro extremo, algumas lembranças de longo prazo perduram por toda nossa vida. As atividades realizadas tecem uma tapeçaria resistente – nós nunca nos esquecemos de como andar de bicicleta ou da tabuada de dois.

Esquecemos nossos prazeres
e lembramos os sofrimentos

(Marcus Tullius Cícero, 106 a.C.-43 d.C.; *Pro Murena*)

O problema é o que esquecer e o que lembrar. Na verdade, é muito útil nos lembrarmos de alguns dos nossos sofrimentos. Se nos lembrarmos de experiências ruins que aconteceram no passado, temos a chance de evitá-las no futuro. Muitos traumas permanecem "encravados na memória" para sempre. (Por exemplo, as lembranças "de choque" – todos nós lembramos onde estávamos e o que estávamos fazendo quando ouvimos a notícia do ataque ao World Trade Center de Nova York, em 11/9.) Estas lembranças foram armazenadas num lugar especial – a amígdala, uma minúscula protuberância no centro do cérebro. A amígdala é a sede das nossas emoções mais básicas, especialmente o medo. O cérebro permite que lembranças comuns se acomodem em torno do córtex, expostas às correntezas desgastantes do tráfego diário por toda a mente. Com o tempo, elas desaparecem; porém, como lembranças de eventos que representam uma séria ameaça à vida precisam ser retidas, a amígdala as armazena em local de fácil e rápido acesso. Enquanto as lembranças comuns desaparecem como manchas de tinta na pele, as lembranças traumáticas são como tatuagens: permanentes. É a esse tipo de lembrança que Cícero se refere acima.

Existe alguma discussão sobre o quanto da memória realmente desaparece. Oliver Sacks, em *The Man Who Mistook His Wife for a Hat* (O homem que confundiu a mulher com o chapéu) nos fala sobre uma mulher idosa que, sob a influência da droga L-dopa, se recordou de cantigas, brincadeiras e eventos de 40 anos antes, lembranças que ela julgava perdidas para sempre. Certamente existem bilhões de lembranças guardadas em nosso depósito, embora muitas delas estejam bastante gastas e puídas agora. Se quisermos que sejam recordadas, elas precisam ser restauradas com fios novos. Veja a página 91 para saber o que acontece.

O fato de as lembranças desaparecerem é também uma boa idéia. O cientista russo A. R. Luria, em *The Mind of a Mnemonist* (A mente de um mnemonista) (1987), descreveu um indivíduo, Solomon Veniaminovich Shereshevsky, que era capaz de lembrar de enormes listas de palavras aleatórias e de retê-las na memória por vários anos. Ele até fez disso uma profissão, durante algum tempo. Mas, antes de sentirmos uma pontada muito grande de inveja, nós, que conseguimos esquecer o número de telefone no intervalo entre desligar o aparelho e pegar a caneta, devemos levar em conta que Solomon tinha a mente fervilhando constantemente com imagens de coisas, palavras, sabores e cores, que penetravam sem parar em sua vida normal. Ele bem que precisaria de um pouco de esquecimento.

Você se lembra do rosto, mas não consegue se lembrar do nome

Os nomes nunca são tão bons quanto os rostos para se fixarem no cérebro. Uma grande parte do córtex visual se dedica ao reconhecimento de rosto. Na verdade, o transbordamento desse hiperativo departamento de reconhecimento de rosto faz com que vejamos faces nas nuvens, nos troncos de árvores, entre as rochas de Marte etc. Nomes, entretanto, não têm tanto êxito. A linguagem é um desenvolvimento moderno, com menos de cem mil anos; o cérebro ainda não construiu um departamento tão grande, de forma que nossa experiência comum é que "sempre me lembro de um rosto, mas nunca do nome".

A ausência torna o coração mais apaixonado

(Thomas Haynes Bayly, 1797-1839,
compositor e dramaturgo)

Não somos feitos de lembranças perfeitas. À medida que o tempo passa, a tapeçaria se esgarça, deixando uns poucos fios, um resumo que, quando recordado mais tarde, faz com que todos os detalhes se juntem novamente.

Nosso quebra-cabeça de madeira pode se desvanecer no decorrer dos anos – as cores desbotam. Tudo o que precisamos fazer é tornar a pintar as cores para restaurar a figura. Mas será que podemos ter certeza de que estamos usando as cores certas?

Da mesma forma, quando restauramos nossa tapeçaria mental, será que estamos tecendo os fios certos? Quando vamos cumprimentar um amigo que não vemos há muito tempo, nossa lembrança é carinhosa, e isso influencia os fios que utilizamos. Assim, estaremos saudando a lembrança feliz e agradável. Apenas alguns dias depois, iremos nos lembrar do quanto costumávamos sofrer com o ronco desse amigo.

> A ausência diminui pequenos amores e aumenta
> os grandes, assim como o vento apaga a vela
> e aviva as chamas da fogueira
>
> (François, Duc de La Rochefoucauld, 1613-1680)

Quando restauramos a tapeçaria, usamos apenas fios amorosos para aqueles que amamos e fios exclusivamente ruins para aqueles de quem não gostamos muito. A figura se torna caricaturada, fora de esquadro.

Nas páginas 91 e 92 veremos que o cérebro pode recordar lembranças incorretamente, ou criar lembranças que nunca existiram, e, como em alguns casos, "a ausência torna o coração mais enganado".

Porém, de modo geral, Albert Schweitzer estava certo quando disse: "A felicidade nada mais é do que uma boa saúde e uma péssima memória."

VENDENDO O PEIXE

Devido à maneira esplendidamente exuberante com que cada um dos nossos 10 bilhões de neurônios trabalham, com todas as suas obscuras conexões, as lembranças são bastante flexíveis. E ninguém entende melhor disso do que uma agência de publicidade. Com habilidades sutilmente afiadas, os publicitários distorcem delicadamente a realidade, o bastante para permitir que

você "caia na conversa" deles muitas e muitas vezes. Franklin Pierce afirmou, em 1944, que "existem muitas pessoas que acreditam, com uma convicção baseada na experiência, que é possível enganar todo mundo o tempo todo". Esta seção prova que ele estava certo.

Tudo custa um centavo a menos do que o preço razoável

Certa vez, eu estava numa loja de vinhos. Sem me mover 1 centímetro, contei quase mil números 9. Todas as garrafas tinham uma grande etiqueta que informava: 2,99 libras, 3,99 libras, 4,99 libras, 5,99 libras ou 6,99 libras. Veja bem, 3 libras são 3 libras, mas 2 libras e 99 são 2 libras e mais um pouco. Nossa memória nos diz que "2..." é o mesmo que "2", nós não pensamos "um pouco menos que 3". O mais estranho é que todos nós conhecemos este truque, mas ele continua sendo aplicado. E nós, abençoados somos, continuamos a cair nessa com toda boa vontade.

Certa vez, um defensor dessa prática me deu uma explicação para o fenômeno dos 99 centavos. "É um teste de honestidade", ele disse. "Se o preço for 5 libras, os vendedores poderiam facilmente embolsar o dinheiro sem ninguém saber. Mas, como precisam dar um centavo de troco, são obrigados a usar a caixa registradora." Boa tentativa, sr. Defensor.

Quanto mais botões e luzes faiscantes, menor a utilidade

Aqui encontramos um fenômeno conhecido pelos psicólogos como "estímulo supernormal". Quando vemos luzes piscando e superfícies polidas, dispara-se a lembrança dos filmes de ficção científica, das espaçonaves com computadores multifuncionais de trilhões de dólares, inteligência superior e alto desempenho. Uma pequena parte do nosso cérebro deve estar calculando que, se tanto dinheiro foi gasto na fachada, talvez não tenha restado muito do orçamento para fazer o interior funcionar de maneira adequada, mas esta noção é sobrepujada pela lembrança mais sedutora inspirada pelas luzes cintilantes.

Os estímulos supernormais foram investigados por Niko Tinbergen, um dos fundadores da psicologia moderna, que devotou sua vida ao estudo das gaivotas. Uma de suas observações foi de que, se um ovo falso fosse acrescentado a um ninho, seria tratado como mais um da família. O mais estranho era que, se o ovo fosse enorme, a mamãe-gaivota sequer teria dúvidas de ser seu, e dedicaria ainda mais cuidados a ele. Seria o seu superovo.

Percebo o mesmo efeito quando meus filhos assistem a novelas na tevê. Os personagens são tão mais competentes, mais bem vestidos, mais bonitos e mais espertos do que na vida real. Quando uma criança pára de assistir à sua novela favorita e se volta para o mundo real, ela acha que a sua família, comparativamente, é incrivelmente "brega" e "careta". Seus parentes não sabem o roteiro, são mal iluminados, não são acompanhados pela trilha sonora certa e não recebem os retoques de maquiagem e cabeleireiro entre uma tomada e outra.

A embalagem tem a mesma tendência supernormal. Se parece grande, é grande, diz o nosso cérebro. Uma caixa grande significa que existe um objeto grande lá dentro.

O estímulo supernormal é um exemplo da evolução saindo um pouco dos trilhos. Tome também o exemplo da cauda do pavão. Todos os tipos de desculpas já foram oferecidas para esse extraordinário crescimento da cauda do pavão. De um ponto de vista de sobrevivência básica, é uma desastrosa peça de bagagem que ele precisa arrastar de um lado para outro. Mas o pobre coitado não conseguiria encontrar uma parceira se não tivesse o equivalente aviário das nossas luzes piscantes.

Certamente, a indústria do consumo explora ao máximo os efeitos dos estímulos supernormais. Como salientou Stephen Leacock, a publicidade é "a ciência de controlar a inteligência humana o suficiente para se obter algum dinheiro com isso". A voz ainda baixinha que murmura "não se pode julgar um livro pela capa" é sufocada pelo grito: "A primeira impressão é a que conta! Compre!"

> A primeira lei da publicidade é evitar a promessa concreta... e cultivar a encantadoramente vaga
>
> (John C. Crosby, memorialista da Guerra Civil americana)

Assegura, assim, que a promessa vaga seja intensificada pelos traços de lembranças que prometem mais. Quando você compra uma barraca para "três estações", mal percebe que as estações a que eles se referem são começo do verão, meio do verão e fim do verão. Uma tela de tevê de 17 polegadas só tem 17 polegadas se você medi-la diagonalmente.

Alguns produtos proclamam uma "fórmula original nova e aperfeiçoada", oferecendo o melhor de dois mundos, o antigo e o moderno. "Ingredientes naturais" geralmente incluem 80 por cento de açúcar, gordura e sal naturais. "Orgânico" parece bom, mas, para alguns produtores, significa apenas "plantado". "Suculento" dispara uma lembrança deliciosa – que significa "saturado de gordura".

Quanto maior a pechincha, mais dinheiro sai do seu bolso

É curioso o fato de você poder passar o dia inteiro nas lojas economizando dinheiro e, ainda assim, voltar para casa falido. "Grandes descontos!", "0% de juros!", "Redução total!". Cada um desses sinais encorajadores dispara o tipo certo de lembrança: "0% de juros!" parece estar lhe dizendo que o objeto em questão é de graça. Eu nunca vi um anúncio que dissesse "Economize mais de 100% neste exclusivo sofá-cama! Não o compre!" Graças aos publicitários, auxiliados por nossas vagas lembranças, acabamos comprando qualquer produto ou serviço que nos ofereçam. O material da publicidade realmente funciona; uma simples experiência realizada por Nisbett e Wilson[2] demonstrou o quanto. Eles pediram a um grupo de mulheres que avaliasse diferentes pares de meias. As meias eram todas as mesmas, mas os pesquisadores disseram que eram diferentes. Solicitadas a selecionar aquelas que achavam ser a melhor, todas elas conseguiram escolher um par que era "superior" por diversas razões: cor, textura, qualidade – era tudo faz-de-conta, mas, para as mulheres, era suficientemente real.

> Há um otário nascendo a cada minuto
>
> (Phineas T. Barnum, do Circo Barnum e Bailey's, o *showman* mais famoso dos Estados Unidos)

Na metade do século XIX, os espetáculos de Barnum excursionavam pelo mundo, exibindo uma variedade de esquisitices bastante improváveis, porém extremamente populares. O problema de Barnum era o que atualmente chamaríamos de "rendimento": as multidões o adoravam tanto que ficavam em volta da tenda do circo, impossibilitando a entrada de mais clientes. Barnum tinha uma placa colocada na extremidade da tenda, que dizia "Saída". A palavra disparava uma vaga lembrança nos espectadores: não seria algum tipo de pássaro exótico? Mais do que ansiosos, eles se amontoavam na porta e se descobriam, naturalmente, do lado de fora.

RESUMO – O TREM QUE SE APROXIMA

Você está correndo a uma velocidade alucinante por um túnel. Está muito escuro, exceto por um ponto de luz à sua frente. É a luz no fim do túnel? Nos desenhos do Papa-Léguas, é exatamente esta pergunta que surge na mente do Coiote, quando ele persegue o Papa-Léguas pelo túnel. Sua memória lhe diz que os túneis têm uma luz no final. Só poderia ser a luz no fim do túnel, e para qualquer outra pessoa realmente seria... Mas outra lembrança, de túneis anteriores, lhe diz que nunca é assim tão fácil. Talvez – apenas talvez – seja o farol de um trem se aproximando... E, claro, o Coiote é atropelado pelo trem.

Com que freqüência isso também acontece conosco? Nós confiamos na memória para nos dizer o que estamos olhando, mas a memória pode estar errada e acabamos atropelados pelo trem que se aproxima.

4
Fazendo conexões

Até o momento, pegamos as peças do quebra-cabeça e as mensuramos, vasculhando a memória para ver do que elas nos faziam lembrar, e agora precisamos encaixá-las para formar uma figura. Neste capítulo, veremos como, no mundo de Murphy, normalmente fazemos as conexões erradas e escolhemos a peça errada, que se recusa a se encaixar de maneira certa e confortável no espaço para o qual foi preparada. Mas, em vez de encontrar a peça que realmente se encaixa, esprememos obstinadamente a peça que temos, comprimindo-a até que fique ali, ou modificando as peças que a rodeiam para que ela possa caber.

CIÊNCIA INGÊNUA

O que todos nós desejamos é compreender tudo o que acontece. Para escrever uma história verossímil a partir daquilo que vemos, empregamos a **ciência ingênua**. Isso significa aplicar as leis de causa e efeito: tudo o que acontece é causado por alguma coisa, e depois faz com que algo mais aconteça. O problema é entender qual é a causa e qual é o efeito, e é aí que a Lei de Murphy viceja.

Para nos ajudar a compreender a causa e o efeito dos eventos, temos uma grande porção de expectativas, baseadas nas crenças básicas sobre o mundo. Nos tempos da Idade da Pedra, as expectativas eram bastante exatas, porque o mundo era mais fácil: o que subia sempre caía. Atualmente, isso não é mais uma certeza. Ansiamos pela verdade pura e simples, mas, como disse Lady Bracknell:

> A verdade raramente é pura, e nunca é simples
>
> (Oscar Wilde, 1854-1900, *The Importance of Being Ernest*)

Seguem aqui alguns exemplos da ciência ingênua.

Pessoas que usam chapéu ficam carecas

O chapéu causou a calvície. Na verdade, é bem o contrário: as pessoas que ficam calvas usam chapéu porque sentem frio na cabeça. Mas o cientista ingênuo não acredita que se pode sentir frio na cabeça. (Ele próprio tem uma bela cabeleira, é claro.) Ele também tem a vaga impressão de que as coisas que estão cobertas tendem a morrer. Plantas e animais sofrem, então por que não o cabelo? Vamos tirar o chapéu para o cientista ingênuo!

O frio causa resfriado

Eis aqui a prova: os resfriados acontecem com mais freqüência no inverno, portanto é o frio que os provoca. Nada poderia ser mais óbvio! Exceto por não ser bem assim. A verdade é que o clima frio faz com que as pessoas se juntem mais em volta do fogo ou em cômodos aquecidos, onde os germes são transmitidos com mais facilidade, porque espirramos e tossimos uns em cima dos outros.

O vento é causado pelo balançar das árvores

Muitas crianças inteligentes já fizeram esta conexão. Podemos rir da simplicidade das crianças, mas apenas se nos esquecermos de que, até bem pouco tempo atrás, nós, adultos, acreditávamos que o Sol girava em torno da Terra, que conseguiríamos fazer qualquer coisa misturando as quantidades certas de terra, água, ar e fogo, e que os seres humanos eram entidades completamente separadas dos outros animais. Por centenas de anos, desde Hipócrates e Aristóteles, tivemos certeza absoluta de que a função do coração era atrair o sangue, em vez de bombeá-lo, de que os pulmões existiam para misturar o sangue, de que o trabalho do cérebro era esfriar o sangue, de que a visão era causada por raios de luz emanando dos nossos olhos... As pessoas que estavam encarregadas de nossa saúde pensavam completamente de trás-para-diante. Com um serviço de saúde assim, é um milagre que a raça humana tenha sobrevivido à Idade Média.

Mesmo agora, muitos de nós achamos que as coisas pesadas caem mais rápido do que as leves, que ruídos altos viajam mais depressa do que os sons baixos e que a Lua é maior quando está perto do horizonte.

Com a cabeça quente

Os professores Elton Mayo, F. J. Roethlisberger e William J. Dickson ocupam um lugar pouco invejável no panteão da pesquisa psicológica. É de autoria deles a mais famosa experiência desastrada de que se tem notícia, desde a invenção da pesquisa psicológica.[1] Eles passaram oito anos na Usina Hawthorne da Companhia Elétrica Ocidental, em Cicero, Illinois, entre 1924 e 1932, pesquisando a melhor maneira de se obter o máximo de produção dos trabalhadores. Tentaram elevar a temperatura do local de trabalho em dois graus – a produção aumentou. Elevaram em mais dois graus – a produção aumentou ainda mais. Subiram mais dois graus – a produção continuou aumentando no mesmo ritmo. Estavam prontos para concluir que manter as fábricas em temperaturas subtropicais era a melhor maneira de maximizar a produção.

Para terminar, eles baixaram a temperatura ao nível original – e a produção cresceu mais uma vez! O mesmo resultado aconteceu quando eles analisaram o nível de iluminação, ou o tamanho dos grupos de trabalho, ou o tempo dos turnos. A cada modificação, a produção crescia. Com o tempo, e alguma relutância, chegaram à conclusão de que os trabalhadores aumentavam a produção não por causa das mudanças nas condições de trabalho, mas porque acreditavam que alguém estava lhes dando importância. Alguém estava se dando ao trabalho de descobrir qual seria a temperatura adequada para eles, o melhor tamanho do grupo ou a melhor extensão de cada turno. Estavam reagindo à consideração e ao respeito demonstrados.

Os senhores Mayo, Roethlisberger e Dickson tinham experiência em laboratórios, onde trabalhavam com ratos. Quando olharam para os operários da Hawthorne, tudo o que conseguiram ver foram ratos – vestidos, é claro, e capazes de andar com duas pernas, mas, exceto por isso, ratos. Descobrir que os operários acalentavam pensamentos tão sentimentais, emocionais e pouco roedores foi uma surpresa para eles.

Para os professores, a expectativa era de que as peças do quebra-cabeça se encaixariam de uma determinada maneira, e foi necessário um longo e exaustivo aprendizado para que descobrissem o contrário. Pelo menos eles tiveram a decência de reconhecer o erro, pois, para muitas pessoas, isso parece impossível.

Atualmente, todos os grandes cientistas acreditam que o universo foi criado num Bigue-bangue. A causa e o efeito disso parecem inegáveis. Na década de 1920, Edwin Hubble reparou que todas as estrelas estavam se afastando de nós e umas das outras – o universo estava se expandindo. Girar o relógio para trás, produziu uma única causa possível: muito tempo atrás, todas as estrelas e galáxias deviam estar concentradas num só ponto, uma singularidade, da qual explodiram para fora, a fim de formar o universo atual. É uma linda história e nela acredito firmemente. Deixando de lado as descobertas recentes de que a teoria de Hubble leva em conta apenas 5 por cento do universo, que o universo está se expandindo mais rápido do que deveria, que 95 por cento da matéria é inexplicada, esqueça a matéria escura ou energia escura. Eu acredito no Bigue-bangue. Sou feliz com o meu quebra-cabeça do jeito que está, muito obrigado.

Lavar o carro estraga os freios

Murphy diz "Te peguei!" para esse aqui. Conforme as escovas do lava-jato começam a girar em torno do seu carro, este começa a deslizar para a frente. Você se apressa em acionar os freios, convencido de que está prestes a atravessar a parede do lava-jato e morrer. Finalmente, você percebe que não é o carro que está deslizando para a frente, mas sim as escovas que estão se movendo para trás. O cientista ingênuo dentro de você acreditava que aquela imensa escova mecânica fosse fixa e que, portanto, a causa do movimento só poderia ser o carro.

É parecido, mas diferente, nas viagens de trem, quando você se acomoda confortavelmente em seu assento, esperando o trem partir, e de repente a estação começa a andar ao contrário. Neste caso, o cientista ingênuo presume que o trem está parado. Se o trem fosse se mover, diz ele, haveria um solavanco. Sem o solavanco, a única causa do que ele está vendo pela janela é o movimento da estação. Você já percebeu como o rótulo de "ingênuo" é apropriado?

Bastante pesquisa acabará comprovando qualquer teoria

(Arthur Bloch, *A Lei de Murphy*, Record, 1982)

Isso se aplica principalmente à indústria farmacêutica, que financia muitas experiências para provar o valor de cada nova droga emagrecedora ou antidepressiva que quer lançar. Muitas dessas experiências não são publicadas pelas empresas. Daquelas que são, um número excepcionalmente grande é favorável. E, no fim das contas, sim, os testes desfavoráveis estão sendo gentil mas firmemente abafados.[2] A empresa que faz a pesquisa é envolvida em causa e efeito. A "causa" é a droga; o "efeito" deveria ser um paciente recuperado. Se isso não acontece, então é o paciente que está errado, não a droga. As experiências prosseguem até que um paciente se recupere depois de ingerir a droga, e então a empresa corre para publicar o resultado.

Ver para crer

Temos a ilusão de que tudo o que vemos está baseado na observação racional, mas, graças à nossa bagagem de expectativas, é muito mais provável que vejamos apenas o que queremos.

Em dezembro de 1901, Marconi estava pronto para provar a sua teoria de que os sinais de rádio podiam ser transmitidos diretamente através do oceano Atlântico. Ele sentou-se num cômodo minúsculo em Signal Hill, Newfoundland, logo depois do meio-dia, esperando pelo sinal que viria de Poldhu, em Cornwall. Conforme relatou mais tarde, ele escutou a letra "S" em código Morse, "tec... tec... tec", em seus fones de ouvido. Uma análise atual das condições do tempo naquele dia lança dúvidas à afirmação. Os sinais de ondas médias do tipo que ele usou não poderiam ter viajado a uma distância tão grande no dia em questão. É mais provável que ele tenha ouvido uma massa de estática, e tenha imaginado o sinal. Ele ouviu o que queria ouvir.

Como se sabe, Marconi estava certo sobre os sinais de rádio, porém muitos reivindicantes não têm tanta sorte...

Crer para ver

Mais ou menos na mesma época em que Marconi estava "ouvindo" as transmissões de rádio, René Prosper Blondlot, um físico francês, estava "vendo" um novo tipo de radiação. O "raio N" foi criado refratando-se raios X através de um prisma feito de alumínio. Aparecia como um brilho muito fraco, tão fraco que apenas aqueles com olhos extremamente sensíveis eram capazes de enxergá-lo. Os cientistas estrangeiros estavam céticos, mas muitos ilustres cientistas franceses visitaram o laboratório de Blondlot e testemunharam seus raios N, o que é estranho, porque eles não existiam. Eram como a roupa nova do imperador, em trajes modernos. Os ilustres cientistas viram o que queriam ver. O equívoco foi revelado quando um jornalista visitante removeu secretamente o prisma de alumínio do aparelho. Os cientistas continuaram maravilhados com o suposto brilho até o momento em que o prisma foi balançado bem diante do nariz deles.

> Uma mentira pode dar meia-volta ao mundo antes que a verdade tenha tempo de calçar as botas
>
> (Mark Twain, 1835-1910, escritor norte-americano)

A verdade é complicada, mas a mentira é eficiente. Toda a credibilidade de uma mentira existe porque os incômodos detalhes pendentes são escondidos entre os fios da plausibilidade. Mentiras agradáveis e macias são fáceis de engolir. Além disso, a mentira também se encaixa em nossas expectativas. Gostamos de construir a imagem de um mundo tão simples quanto o enredo de uma pantomima, como ilustram as histórias a seguir:

- Em 1929, quando Wall Street quebrou, muitas pessoas cometeram suicídio, levadas pelo desespero... Não foi bem assim, receio. Os jornalistas tiveram notícias de um ou dois suicídios mais ou menos ao mesmo tempo em que a quebra ocorreu, e construíram uma relação de causa e efeito em torno deles. As estatísticas dos hospitais não demonstram qualquer aumento considerável de suicídios durante os meses seguintes à quebra. Os estatísticos são mesmo uns estraga-prazeres.

- Em agosto de 1966, um blecaute de dez dias atingiu Nova York. Nove meses depois, houve um sensível aumento na taxa de natalidade. Se você quer acreditar nessa história, não verifique os números, que demonstram não ter havido qualquer tipo de pico, em qualquer sentido da palavra. O *Blackout Baby Boom* é uma esplêndida lenda urbana.

  Em 1958, Walt Disney enviou uma equipe de filmagem ao Canadá para filmar lemingues* atirando-se de penhascos, da maneira como fazem. Depois de esperar alguns dias, durante os quais os lemingues demonstraram uma inesperada tendência de se manter afastados das beiradas dos penhascos, a impaciente equipe encurralou várias dezenas desses animais,

*Pequenos roedores das regiões asiáticas. (*N. da T.*)

empurrou-os pelo desfiladeiro abaixo e filmou o resultado. O filme *White Wilderness* (Natureza branca) perpetuou o mito dos lemingues suicidas.

- Fotografias tiradas de Marte demonstram os tons acobreados do Planeta Vermelho. Marte não é vermelho; tem uma cor sombria e cinzenta como a Lua. Mas, se as fotos sombrias e cinzentas fossem publicadas, todo mundo perderia o interesse, e as verbas orçamentárias secariam. Todos imaginam como Marte deveria ser, e os cientistas tiveram de providenciar a peça certa do quebra-cabeça.

Eles sempre matam o mensageiro

Todos nós somos "cientistas ingênuos". Até mesmo os senhores da guerra, os tiranos e ditadores, embora talvez eles se inclinem menos para o lado "cientista" e mais para o lado "ingênuo". Um cientista ingênuo vê duas coisas ocorrendo ao mesmo tempo e presume que uma cause a outra. A área do cérebro responsável pela inteligência é o lobo frontal. Precisamos torcer por futuras mudanças evolutivas que favoreçam esta nossa área, especialmente nos senhores da guerra, a fim de poupá-los de algumas de suas idéias mais despropositadas. Nesse meio-tempo, quando o mensageiro traz as más notícias, o senhor da guerra continuará pensando "más notícias... mensageiro... mate o mensageiro".

Nós todos praticamos um pouco da ciência ingênua, por mais que tentemos evitar. Não conseguimos encontrar aquele pão doce com creme que compramos ontem, e a nossa filha de 4 anos não está por perto... Tendemos a conectar os dois fatos e concluir que uma comeu o outro. Não conseguimos encontrar a chave do carro e nosso filho de 19 anos não está por perto... Não conseguimos encontrar nossa esposa e nosso melhor amigo não está por perto... Até mesmo nos lares mais sólidos, sempre há espaço para uma dúvida momentânea.

A HISTÓRIA ANTERIOR

> A vida só pode ser compreendida se voltarmos para trás, e só pode ser vivida se seguirmos em frente
>
> (Soren Kierkegaard, 1813-1855, filósofo dinamarquês)

Fica ainda pior. Talvez até agora você tenha pensado que, qualquer que seja a bagunça que façamos no presente, pelo menos o passado está a salvo, firmemente trancado nas lembranças seguras em torno do córtex. Mas não temos essa sorte.

> A percepção tardia é visão de 20-20
>
> (Billy Wilder, 1906-2002, diretor de cinema norte-americano)

Tanto Billy Wilder quanto Kierkegaard estavam errados, como acabou se descobrindo. Nós reescrevemos o passado para se encaixar no presente. A percepção tardia é *re*-visão de 20-20. Nader e LeDoux[3] descobriram que lembranças passadas bem estabelecidas podem ser abolidas praticamente num estalar de dedos. Eles trabalhavam com ratos em laboratório, e a experiência humana é não apenas capaz de abolir o passado, mas também de substituí-lo com uma lembrança completamente nova, caso seja necessário.

Examinando o cérebro humano, vemos que isso não é difícil de ser feito. As lembranças estão presas em torno do córtex numa série de locais: as sonoras estão no córtex auditivo; as visuais, no córtex visual; as lições de geografia, no hipocampo; e as essências emocionais na amígdala. Os diferentes segmentos são ligados por conexões neuronais, como uma textura frouxa. No decorrer do tempo, cada fio entrelaçado está sujeito a uma decadência seletiva. Reconstituir uma lembrança envolve arrumar os fios soltos que restam nas bordas em volta do córtex, depois tecer novamente os detalhes.

Embora algumas partes da tapeçaria não se desmanchem – a reação ao medo, em especial –, outras partes podem ser quase totalmente perdidas. Portanto, a reconstrução pode facilmente se tornar uma distorção. Relatos de testemunhas de crimes são notoriamente pouco confiáveis por esse motivo.

Uma série de exemplos de lembranças falsamente recuperadas eclodiu nos Estados Unidos durante a década de 1980. A assistente de enfermagem Nadean Cool submeteu-se à psicoterapia, em 1986, para lidar com um problema de família. Orientada pelo psiquiatra, ela recuperou lembranças que estavam reprimidas durante décadas e que seriam a causa de sua psicose. Lembrou-se de ter estado num culto satânico, de ter comido bebês, de ter sido estuprada, de ter feito sexo com animais e de testemunhar o assassinato de um amigo aos 8 anos. Só isso já seria mais do que suficiente para causar sua síndrome, mas o psiquiatra a ajudou a recuperar outras lembranças. Para a sua surpresa, ela descobriu que possuía mais de 120 personalidades – crianças, adultos, anjos e até mesmo um pato. A essa altura, ela começou a duvidar da própria sanidade.

Com o tempo, as técnicas manipuladoras do psiquiatra foram desmascaradas, mas não antes que muitos outros casos de falsas lembranças recuperadas fossem descobertos e muitas famílias fossem devastadas por "revelações" similares. Obviamente, tais lembranças eram falsas, mas com facilidade tais idéias absurdas se tornaram parte da biografia oficial dessas pessoas! As vítimas não podiam acreditar que os eventos dos quais se recordavam não fossem verdadeiros, porque acreditavam na santidade do passado e na pureza de suas lembranças.

A nostalgia não é mais como costumava ser

Devemos desconfiar do brilho róseo do passado: ele está sendo visto através do olhar deformado do presente. O passado era divertido. Era descuidado, o dinheiro vinha e ia fácil. Era quente e ensolarado. Não havia assaltos. Atualmente, tudo acontece rápido demais, a criminalidade aumenta. Os jovens de hoje não têm respeito, não escutam os mais velhos...

A verdade é que quem mudou não foi o jovem, mas sim o crítico. O sujeito mais velho é mais frágil e lento, menos capaz de suportar as situações. Ele sente mais frio, portanto a juventude parece ter sido mais quente. Seus relógios internos ficaram mais lentos (veja p. 49), por isso os jovens de hoje parecem se mover a uma velocidade alucinante; eles descartam os mais velhos. Mas este sujeito deveria se lembrar de que, quando era jovem, agia da mesma forma com os mais velhos.

> O amor é um truque sujo, aplicado para garantir a continuidade da espécie
>
> (Somerset Maugham, 1874-1965, autor inglês; *A Writer's Notebook,* 1949)

Nas questões do coração, a paixão e a dor são sentidas de maneira muito mais aguçada. Com o final de um caso de amor, começa-se a se reescrever a história passada. Quando Ela acha que Ele anda "pulando a cerca", a história dos seis meses anteriores é revisada: "Então, era por isso que ele voltava tarde... então aquele 'hematoma' no pescoço dele era isso... então era por isso que ele estava sempre tão cansado à noite..." A revisão é longa e completa. O anjo é repintado como demônio. Isso pode envolver um ataque de síndrome pós-traumática – noites insones passadas em recordações do passado e na reescrita da história, a fim de combiná-la com os novos fatos.

NÃO FAZER AS CONEXÕES

Nós já vimos como é fácil fazer as conexões erradas, transformar as causas e efeitos numa grande confusão. Há também as conseqüências calamitosas de *não* se fazerem as conexões *certas,* de não se ver o efeito de uma causa.

> Tudo de que a gente gosta é ilegal, imoral ou engorda
>
> (Alexander Woollcott, 1887-1943, autor e crítico norte-americano)

A obesidade é um problema global que parecemos incapazes de controlar. O cérebro que trazemos conosco desde o passado não mudou muito em cem mil anos. Nossos ancestrais comiam folhas, raízes, nozes e frutas, e caçavam quando podiam. Freqüentemente, os caçadores voltavam para casa de mãos vazias – a "comida rápida" era rápida da maneira errada naquela época, e não tão fácil de ser apanhada. Era uma vida difícil, sem dúvida, e o cérebro foi construído para lidar com ela: assim faziam os primeiros seres humanos comer quando conseguiam porque, quase sempre, eles não conseguiam.

No Ocidente moderno, continuamos comendo como sempre fizemos, porque nunca se sabe quando a próxima grande fome acontecerá. Porém, nosso brilhante cérebro arranjou as coisas de forma que a próxima fome jamais aconteça. O lado desafortunado disso é que um terço dos norte-americanos é oficialmente obeso, e o restante do mundo está se inchando para alcançá-los. Ainda assim beliscamos, mordiscamos e lambiscamos, pois para isso é que fomos construídos. Alguma coisa deveria estar nos fazendo parar de comer, mas nada acontece. Estamos esperando que algum instinto, escondido em algum lugar, apareça de repente e nos diga para pararmos de mordiscar.

Na verdade, existe algo que deveria estar fazendo esse trabalho. O hipotálamo, nas profundezas do centro do cérebro, monitora o nível de açúcar no sangue. Quando o açúcar no sangue está elevado, o hipotálamo registra a saciedade com o cérebro superior. Mas, por algum motivo, o cérebro superior falha em tomar qualquer atitude a respeito. A conexão não está sendo feita porque nosso cérebro não é adequado ao mundo que ele criou. Esta é a Lei da Metamorfose: estamos nos metamorfoseando em caricaturas de seres humanos porque num nível profundo, instintivo, não conseguimos fazer a conexão entre comer e explodir.

Só se podem prever as coisas depois que já aconteceram

(Eugene Ionesco, 1912-1994, dramaturgo francês; *Rhinoceros*, 1959)

Governos e cientistas têm a tarefa de fazer previsões e preparar políticas para lidar com elas. Mudanças rápidas e inovações científicas demonstram cruelmente o quanto isso é difícil. Quando a magnífica nova molécula clorofluorcarbonato (CFC) foi inventada, a indústria comemorou. Era barata, não-poluidora e não-tóxica, um presente para as indústrias de aerossol e refrigeração.

Ninguém previu o que as CFCs fariam com o planeta. E como poderiam? As moléculas tiveram de subir até a estratosfera e desencadear lá em cima dezenas de sutis reações sob a influência dos raios ultravioleta, antes que começassem a destruir a camada de ozônio a uma velocidade irresponsável. Nenhum ser humano seria capaz de prever algo tão remoto no tempo. Infelizmente, levou-se um longo período até que alguém olhasse também para o passado. A confortável história da molécula milagrosa foi derrubada pela descoberta, em 1984, de um buraco na camada de ozônio causado pelos hábitos dissipadores das CFCs. Muito embora todos os cientistas concordassem com a gravidade dos danos e a ameaça à vida no planeta, foram necessários três anos para que uma proibição internacional fosse articulada e, mesmo agora, a proibição não foi completamente instaurada. A China, por exemplo, só irá reduzir a produção em 2010.

Enquanto você esfria, o planeta esquenta

O aquecimento global, como a obesidade, é algo que está vindo a grande velocidade em nossa direção, mas não conseguimos fazer a conexão. Durante o longo e quente verão, ligamos o ventilador para nos refrescar. O ventilador obtém sua energia de uma usina de força, que bombeia dióxido de carbono na atmosfera como um subproduto da produção de eletricidade. O dióxido de carbono é um gás de estufa: torna o clima mais quente. Quando sentimos mais calor, ligamos um segundo ventilador para nos refrescar. Dois ventiladores utilizam o dobro de eletricidade, que produz duas vezes mais dióxido de carbono e, portanto, duas vezes mais aquecimento global. Então, ficamos com ainda mais calor, ligamos mais dois ventiladores... e assim segue a reação em cadeia, e nós também.

As mudanças turbulentas no clima, desde as secas graves até os furacões e as enchentes, são causadas pelo excesso de calor na atmosfera. A evidência é clara, a ciência comprova, mas nosso amor paleolítico por brisas refrescantes permanece. No final, o aquecimento global acabará nos fritando, a não ser que façamos a conexão entre os aparelhos de ar-condicionado e o efeito de aquecimento do ar que eles causam.

SUPERSTIÇÕES

O inverso da causa e efeito é a causa e *nenhum* efeito. Se você faz alguma coisa e, por conseqüência, um desastre é evitado, naturalmente você continuará tomando a mesma atitude. Esta é a natureza dos atos supersticiosos.

Evitamos o número 13, só para o caso de ser mesmo um número azarado, como dizem os outros. Praticamente todos os prédios de escritórios e hotéis nos Estados Unidos não têm o décimo terceiro andar, ou uma sala ou um quarto número 13. Muitos aeroportos "pulam" o décimo terceiro portão. Os aviões não têm uma décima terceira fileira de assentos. Os italianos não têm o número 13 na loteria nacional. Nas ruas de Florença, a casa entre os números 12 e 14 é indicada como 12 ½. Muitas cidades não possuem ruas nem avenidas com a numeração 13.

Na França, as 'socialites' conhecidas como as *quatorziens* (as décimas quartas) estão sempre disponíveis para completar um grupo de 14 convidados para um jantar, a fim de manter a festa a salvo do azar. Ninguém permite o número 13 em sua vida, nem mesmo como experiência para descobrir se ele é mesmo azarado.

A tenacidade das mentiras supersticiosas reside na "prova" de que, executando-se o ato, o desastre é evitado. Quando você derruba o sal na mesa, joga uma pitadinha por cima do ombro, só para estar seguro. E qual é o resultado? Nenhum desastre! Você continuará fazendo isso, por segurança. Não vai querer dar "mole" para o azar, não é?

Se você está zombando da superstição do sal, pergunte a si mesmo se usa apenas letras minúsculas nos endereços de e-mail, apenas por curiosidade. Os endereços de e-mail não precisam ser escritos com letras minúsculas, mas será que algum dia você vai tentar enviar um com letras maiúsculas, só porque eu disse?

RESUMO – O ELO PERDIDO

Não importa se somos cientistas autênticos, amadores ou não-cientistas: todos nós praticamos a ciência ingênua. Em junho de 2002, eu estava na sala de professores do Departamento de Ciências de uma escola. Faltava pouco para as aulas da tarde e os professores estavam profundamente concentrados num jogo de futebol da Copa do Mundo na tevê. A Lei de Murphy é muito clara a respeito de futebol na tevê.

> Se você pisca, eles fazem um gol; se você sai para fazer xixi, eles fazem três gols; se é uma cobrança de pênalti, a tevê quebra

Era um chute de pênalti, portanto eu sabia que a tevê ia quebrar, embora não pudesse adivinhar os motivos. Um professor entrou na sala, queixando-se de um aluno. Ele jogou o livro sobre a mesa. A tevê parou de funcionar. Todos os professores de Ciências se viraram para ele, furiosos: "O que foi que você fez?" Examinaram o livro, verificaram a mesa e vasculharam toda aquela parte da sala. Não havia conexão, é claro, mas eram todos professores de ciência ingênua. Ninguém está livre do instinto.

Todos nós gostamos de respostas fáceis. Não gostamos de quebra-cabeças complicados. Em nossa mente, gostaríamos de cortar todos os pedaços que resistem, ou ensopar as peças até que fiquem moles, depois espremê-las no espaço que abrimos para elas. No próximo capítulo, descobriremos qual é a ferramenta para se fazer isso, algo em que possamos ferver a peça, mexê-la e tingi-la de qualquer tom que desejarmos.

5
Emoções

Quando começamos a tratar das emoções, a analogia com o quebra-cabeça se rompe. Montar um quebra-cabeça é um processo calculista; nada tem a ver com a emoção. Fazer o quebra-cabeça da vida é qualquer coisa, exceto calculista. Tudo na vida tem um toque emocional. Os filósofos medievais consideravam que existiam quatro emoções básicas, ou "humores": fleumático (sereno), sangüíneo (extravagante), colérico (agressivo) e melancólico (depressivo). (Obviamente, "humor" mudou de significado com o decorrer do tempo.) Alguns psicólogos modernos propuseram seis – alguns oito – diferentes nuanças, baseadas no reconhecimento de expressões faciais: raiva e aversão, antecipação e alegria, tristeza e surpresa, aceitação e medo. Mas devem existir muito mais quase-emoções escondidas sob a superfície; sutis moderadores de humor que não podem ser descritos como o humor em si.

O que está claro é que nada existe no mundo, por mais trivial que seja, que não possua ao menos um leve toque de emoção, da mesma forma que não há nada sem um vestígio de cor, um sopro de odor ou uma sugestão de som.

Embora tenhamos nascido com muitas reações emocionais já prontas – instintivas –, muitas delas precisam ser aprendidas. Por exemplo, a cor vermelha é apenas uma cor. Se uma criança vê um homem acenando uma bandeira vermelha, ela pensa "homem + bandeira + vermelha", e não muito mais do que isso. Mais tarde, ela aprende a associar emoções a esta cor. Um homem agitando uma bandeira vermelha num batalhão do exército desperta uma nuança diferente de emoção (perigo) em relação a um homem agitando a bandeira vermelha no meio de uma comemoração do Ano Novo Chinês (alegria), ou na frente de um palácio presidencial (revolução). O acréscimo de emoções quer dizer que, agora, "vermelho" possui muito mais significados do que antes.

Apesar de terem sido deixadas de fora até o momento, as emoções são a base de todas as Leis de Murphy. Quando a Lei de Murphy ataca – como quando o pão se dirige infalivelmente para o chão, com a manteiga virada para baixo, é claro –, sentimos indiferença? Nunca! Raiva, sim; desânimo, talvez; autopiedade, frustração, depressão, infelicidade, culpa, ironia, vergonha, tristeza, repugnância, surpresa, desconfiança, desprezo, antecipação, medo, remorso, admiração, consternação, cinismo, desapontamento, constrangimento, fúria, choque ou perplexidade, possivelmente; indiferença, porém, não.

MEDO

A sede das emoções é a amígdala, um pequeno órgão encontrado num nível mais inferior do cérebro, chamado de "cérebro mamífero", porque evoluiu nos mamíferos muito antes do desenvolvimento do cérebro moderno. A amígdala lida com a emoção mais importante – o medo. O medo pode salvar a vida. O fluxo de adrenalina, o disparar do coração, o arregalar dos olhos, todos os sinais externos do medo se originam de uma preparação interna para lutar ou fugir – um mecanismo de sobrevivência inerente, tão importante quanto o reflexo que nos faz afastar rapidamente a mão do fogo. Como este reflexo, o medo é automático e rápido e, como um reflexo, freqüentemente irá sobrepujar outras funções do cérebro.

Assim que a amígdala identifica uma ameaça, desencadeia uma cascata de reações hormonais, cujo principal resultado é o aparecimento da adrenalina (epinefrina) na corrente sangüínea, e a adrenalina irá enviá-lo, em pânico, ao banheiro – como ocorre em uma das mais constrangedoras experiências de Murphy.

A aranha da banheira fica maior a cada dia

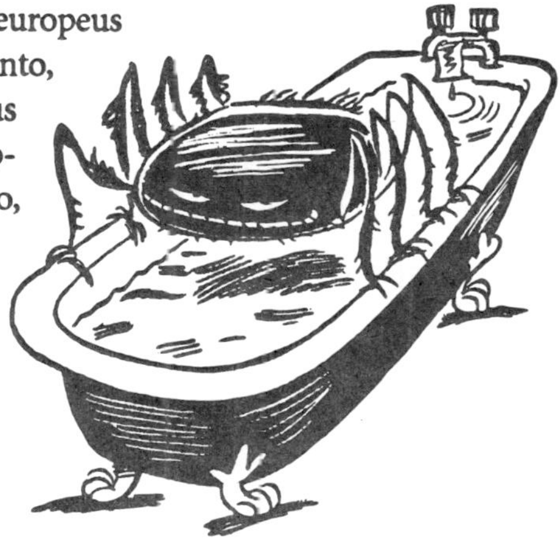

Cerca de 10 por cento dos europeus são aracnofóbicos. No entanto, 100 por cento dos europeus sabem que as aranhas européias são inofensivas. Então, por que o pânico? Por que, assim que você bota os olhos numa aranha, sai correndo e gritando do banheiro, como se estivesse nas garras da morte? Será que não consegue escutar a criaturinha pedindo "Socorro! Socorro! Coitada de mim!"? Por que sua mente não diz "Espere um pouco! Não há perigo, é só uma pobre aranhazinha que caiu na banheira e não consegue sair!"?

Quando você vê a aranha, a informação do córtex visual segue primeiro para uma estação de retransmissão logo acima da amígdala, o tálamo. Dali divide-se e toma dois caminhos separados: uma vai para o córtex de maneira normal, para pensar a respeito e talvez tomar alguma atitude sobre isso em algum momento no futuro. Mas a outra corre direto para a amígdala, que dá apenas uma olhada e aperta o botão de pânico. Antes mesmo de perceber, você já está fora do banheiro. E "sem perceber" é literalmente verdade. Um exame de imagem por ressonância magnética funcional do cérebro (veja p. 239) mostra que o córtex, a parte que talvez faça algo a respeito algum dia, é deixado completamente de fora do processo. Ele só aparece por ali mais tarde, verifica os danos hormonais e registra a "emoção" de medo, e é nesse ponto que "você" se torna consciente da situação. Isso é o mais estranho: a última pessoa a saber do seu pânico é você. Todos à sua volta sabem o que está lhe acontecendo bem antes de você próprio se dar conta disso. Embora depois você diga que teve essa estranha sensação de terror e saiu correndo do banheiro, a verdade é o contrário: primeiro você saiu correndo do banheiro e só depois sentiu o terror.

A rápida ação da amígdala é necessária, pois a velocidade é essencial numa emergência. Não é o momento de se envolver com o intelecto – aquela aranha pode atacá-lo a qualquer segundo.

E isso nos leva ao momento Murphy – à pergunta crucial: Por que emergência? Por que escolher as aranhas? Elas não são nem um pouquinho perigosas, pelo menos não aquelas encontradas nas casas européias. Ninguém sabe a resposta, mas é possível que estejamos encontrando aqui um profundo instinto; um reflexo vestigial de milhares de anos atrás, antes que o *Homo sapiens* viajasse para o Norte, vindo da África, onde algumas aranhas realmente picam e são venenosas.

Já se sabe que reações de medo bastante complexas são herdadas. Os cavalos têm medo de cobras. Sem nunca ter visto uma cobra antes, eles se esquivam rapidamente diante da visão de uma. Até mesmo uma mangueira de jardim os faz disparar. O medo dos europeus de aranhas é tão automático quanto este, indomável e resistente a qualquer tentativa de descartá-lo.

Alguns pesquisadores dizem que é uma reação à maneira como as aranhas se movem. Como as panteras, as aranhas são caçadoras e, como as panteras, elas se esgueiram, rastejam, deslocam-se furtivamente, atacam e devoram outros animais. Talvez seja o medo de se tornar mais um prato no cardápio. Qualquer que seja o motivo, é uma reação primitiva, totalmente inadequada para um banheiro de subúrbio. Esta fobia deve se juntar ao arrepio e ao apêndice como mais um pedaço dos destroços da evolução.

(Enquanto estamos olhando na banheira, eis aqui mais um ponto: Por que tantas pessoas acreditam que a aranha entrou pelo ralo? O cientista ingênuo dentro de nós (veja p. 83) tem uma explicação, baseada na simples idéia de que as coisas que estão juntas pertencem ao mesmo lugar. A aranha fica perto do ralo, portanto deve ter vindo pelo ralo. Os amigos podem salientar que existe uma curva em U no encanamento – a aranha se afogaria se tentasse nadar em torno dela. O cientista ingênuo diz: "Ela deve ter um equipamento de mergulho.")

O medo, de um tipo ou de outro, é nosso companheiro constante:

> Quando você não tem dinheiro, o problema é comida
>
> Quando você tem dinheiro, o problema é sexo
>
> Quando você tem os dois, é a saúde
>
> Se tudo está às mil maravilhas, você tem medo da morte
>
> (J. P. Donleavy, 1926- , escritor irlandês)

Muitos de nós, como Donleavy, têm um zunido de medo constante, surdo. O medo não tem foco: é apenas uma nebulosa sensação de incerteza. O córtex procura automaticamente alguma coisa em que anexá-lo. Cientista ingênuo como é, ele irá anexar a ansiedade a qualquer coisa que esteja na mente no momento, seja comida, sexo, saúde ou morte.

É um pouco virado do avesso: naturalmente, acreditamos que as emoções sejam instruídas pela mente, e não o contrário.

Em 1962, Schachter e Wheeler testaram se isso é mesmo verdade, por meio de uma experiência:[1] os participantes receberam injeções de adrenalina ou de cloropromazina (que inibe a excitação) e, em seguida, assistiram a uma comédia. O grupo da adrenalina gargalhou copiosamente, o grupo da cloropromazina ficou sentado, impassível. Mais tarde, os integrantes do grupo da adrenalina relataram ter achado o filme hilariante, mas os do grupo da cloropromazina nem conseguiam entender o porquê de tanta graça. A visão deles do filme foi ditada pelo estado de seus hormônios. Portanto, não é a mente que instrui os hormônios; ela fica feliz em ser instruída por eles.

Toda notícia é má notícia

A divisão mais habitual das emoções as separa em seis categorias: surpresa, felicidade, aversão, medo, raiva e tristeza. Quatro, entre as seis, são desagradáveis, portanto não é de se surpreender que a maior parte da nossa vida seja afetada por coisas desagradáveis. Nosso cérebro tem medo suficiente para se manter ocupado e não desperdiça tempo com as situações que estão correndo bem. Ele se concentra nos problemas. A maioria das notícias na tevê é sobre desastres. Se falassem de bem-aventuranças, talvez fossem mais agradáveis, mas seria também um programa muito, muito, muito longo.

A melhor maneira de se atrasar é ter tempo de sobra

Sem um impulso emocional, um trabalho tende a permanecer languidamente no final da lista de "tarefas a fazer – urgente". O que quer que o córtex murmure sobre se dar tempo suficiente e evitar a correria de última hora, ali ele ficará até uma semana antes do final do prazo, quando finalmente você se vê atacado pelo pânico. O que pode ser melhor do que um prazo se esgotando para fazer com que a amígdala estale seu chicote? Uma amígdala bem treinada irá desencavar lembranças de filas de desempregados, perda de amigos, despejo e miséria, e irá manter você e seu cérebro disparados a noite inteira durante uma semana. E então você verá como isso é verdade:

> Os primeiros 90 por cento do trabalho
> tomam 90 por cento do tempo, e
> os últimos 10 por cento da tarefa
> tomam os outros 90 por cento.
>
> (Arthur Bloch, *A Lei de Murphy*, Record, 1982)

AMOR

Murphy ama o amor, pois ele transforma todos nós em idiotas. O sexo é tão imperativo que uma mariposa macho irá voar por quilômetros e procurar durante horas se apenas uma molécula do feromônio da fêmea tocar suas antenas. Mas o ato do sexo não é inevitável, nem para os insetos, nem para os seres humanos. As fêmeas, sejam elas de qualquer espécie, tendem a ser seletivas, submetendo o macho a torturas, danças de acasalamento e rituais de namoro antes de permitir que copulem.

> Quando o pênis se levanta, o cérebro voa pela janela
>
> (Provérbio chinês)

O que realmente acontece com sua cabeça? Em 2001, Andreas Bartels e o professor Semir Zeki[2] procuraram voluntários que estivessem "verdadeira e loucamente" apaixonados. Os voluntários passaram por um exame cerebral enquanto olhavam a fotografia da pessoa amada, e os resultados demonstraram o que de fato acontece ali no nosso cérebro quando estamos amando. A ínsula medial, que é uma região altamente conectada, com ligações em todas as áreas sensoriais do cérebro, torna-se muito ocupada, da mesma forma que o cingulate anterior, conhecido por reagir à euforia induzida por drogas. Os centros de prazer nas regiões gangliares mais primitivas e basais do cérebro também se tornam ativos. A atividade reduzida no córtex pós-cingular aumenta a sensação de euforia. Que tal alguns hormônios na receita? Dopamina, feniletilamina, testosterona, serotonina, estrogênio, oxitocina, vários feromônios... Não é de admirar que o amor faça com que algum tipo de loucura aconteça. E tudo isso só para dar início à próxima geração.

> Muitas mulheres escolhem seus maridos sob uma ótica que não usariam para escolher um carro
>
> (Anônimo, século XX, Estados Unidos)

Depois que você toma uma decisão, não quer mudar de idéia. Nas áreas do amor emocionalmente carregadas, uma imagem, depois de pintada, não pode ser manchada pela realidade. Nossa mente não apenas vê o que quer ver; ela evita ativamente ver o que não quer ver. O amor é cego; na verdade, o amor é deliberadamente cegado. A iluminação é enfraquecida e uma grande quantidade de música provocante, perfumes, comidas exóticas e bebidas interessantes é colocada à disposição.

> O amor não enxerga com os olhos, mas sim com a mente; por isso o cupido alado é retratado cego
>
> (William Shakespeare, 1564-1616;
> *Sonhos de uma Noite de Verão*, 1595)

Quando ela vê aquele brilho de amor nos olhos dele, o que está realmente vendo? Receio que um brilho de amor num restaurante quase às escuras possa ser um tantinho ilusório. Um dos efeitos

da paixão é a dilatação das pupilas. O "olhar de amor" é o olhar das pupilas grandes e escuras (como lhe dirá qualquer pintor). Num restaurante "escurinho", as pupilas se ajustam à semi-escuridão, dilatando-se. Bingo! O olhar de amor ao acionar de um interruptor, literalmente.

E se a pessoa que ama não for correspondida? Como curar as dores do amor não-correspondido? Wendy Cope tem a resposta em seu poema "Duas curas para o amor":

1. Não o veja. Não telefone nem escreva uma carta.
2. A maneira mais fácil: passe a conhecê-lo melhor.

"O amor o mantém jovem", disse certa vez algum idoso. As frases a seguir são eternamente jovens porque, apesar de assentirmos sabiamente ao vê-las e dizermos "Sim, como isso é verdade" e "Amém", sempre voltamos e repetimos o erro tão logo e o mais freqüente que for possível.

- Uma mulher sem um homem é como um peixinho dourado sem uma bicicleta. (slogan feminista, década de 1970)
- Um homem sem mulher é como um pescoço sem dor. (adesivo de pára-choque)
- Homens – não se pode viver com eles, não se pode viver sem eles. (anônimo)
- O segundo casamento é o triunfo da esperança sobre a experiência. (Samuel Johnson, 1709-1784, escritor, crítico e lexicógrafo inglês)
- Um solteiro é alguém que nunca comete o mesmo erro uma vez. (anônimo)
- Um casamento bem-sucedido exige que você se apaixone muitas vezes, sempre pela mesma pessoa. (Mignon McLaughlin, 1915- , jornalista norte-americano)

O coração tem razões que a própria razão desconhece

(Blaise Pascal, 1623-1662, matemático e filósofo francês; *Pensées*, 1670)

Para aqueles que estão dispostos a se apresentar como voluntários para a montanha-russa do amor, uma alternativa bastante eficiente para o tranqüilo restaurante é uma montanha-russa de verdade. A evidência anedotária diz que a afeição pode florescer numa dessas descidas de arrepiar os cabelos.

Será este um outro exemplo da mente interpretando mal as emoções?

Em 1974, Dutton e Aron[3] demonstraram a ilusão que pode acontecer quando os sentidos estão um pouco excitados. O Capilano Canyon, na British Columbia, é um ponto turístico famoso por sua ponte de corda de 200 metros. Certo dia, uma pesquisadora de aparência sexy podia ser vista aproximando-se dos homens que visitavam o cânion e lhes fazendo perguntas, supostamente sobre os efeitos da paisagem na criatividade. Mais tarde, eles foram indagados sobre o que tinham achado da entrevista. Alguns haviam sido abordados pela jovem enquanto atravessavam a vacilante ponte de corda. É claro que eles estavam num estado de "excitação" porque estavam com medo, mas isso afetou visivelmente a opinião deles sobre a garota: os homens na ponte acharam-na mais atraente do que aqueles que, aparentemente, tinham os pés mais firmemente fincados no chão, em mais de um sentido. Então, ao que parece, os sentidos podem ser "tapeados". A excitação do medo pode ser confundida com a excitação do amor.

Então, aí está você, adorando, idolatrando o seu ícone. Ele/ela é indubitavelmente perfeito(a). Mas, e quanto a você: é suficientemente perfeita(o) para o(a) seu(sua) parceiro(a)? Dê uma olhada no espelho... Ugh! Quem é essa pessoa olhando de volta para você? Certamente ontem você não estava assim tão gorda(o)...

Os capítulos anteriores devem tê-lo preparado para este momento na frente do espelho. Aqui está a prova confirmadora de que vemos o que queremos ver, e que não temos a menor idéia do que realmente está ali. Às vezes nós nos olhamos no espelho e lá está uma criatura esbelta, deslumbrante e encantadora olhando de volta; outras vezes, é o monstro da lagoa negra que nos encara. Depende de como estão nossas emoções.

E, enquanto estamos lançando nosso olhar hipercrítico sobre a figura refletida no espelho, somos capazes de esquecer nossa inteligência, espírito, humanidade e generosidade. Existem coisas mais importantes com que nos preocupar.

Para ela é...

> Na noite daquele grande encontro, uma espinha aparece bem na ponta do seu nariz

E para ele é...

> Por mais que você penteie o cabelo, um fio sempre fica espetado

Ficamos obcecados com detalhes minúsculos, detalhes que o nosso ser amado jamais irá perceber, porque ele(a) também está obcecado(a) com seus próprios pequenos detalhes. Ele está convencido de que encontrou um cabelo branco, enquanto ela está desesperada para se livrar daquelas ruguinhas em torno dos olhos, lambuzandose de creme antiidade. Pelo amor de Deus! Eles só têm 17 anos!

RAIVA

As paixões fazem bons servos e maus senhores

(Roger L'Estrange, *Fábulas de Esopo*, 1692)

A amígdala recebe este nome do latim: significa "amêndoa", com a qual se assemelha não apenas no formato, mas também na capacidade de às vezes nos deixar com um "caroço" na garganta. Qualquer pessoa que já esteve realmente fora de si de tanta raiva (e isso significa todos nós) sabe exatamente como é esse "caroço". Você pode se parecer com seus ancestrais, os macacos, quando eles se expressam através de você numa exibição de pura agressão simiesca. Por outro lado, os lobos frontais, mais racionais, podem trazê-lo de volta. A conexão entre os dois é importante. Quando algo o deixa maluco de raiva, o lobo frontal é capaz de dizer à amígdala que se acalme. Comparados com a amígdala, os lobos frontais são um desenvolvimento evolutivo muito mais recente, com apenas um milhão e meio de anos. Sua influência moderadora sobre a antiga amígdala é o que torna o nosso meio ambiente moderno – cidades, democracia, viver uns por cima dos outros, sorrir e "engolir sapos" – possível.

A raiva transforma os enfadonhos em espirituosos, mas os mantém pobres

(Francis Bacon, 1561-1626, cientista e cortesão elisabetano)

A raiva se expressa vocalmente. Os macacos na selva emitem guinchos quando estão agitados, é uma forma de aviso aos seus inimigos. Com freqüência, a raiva do homem moderno não é mais tão eloqüente: os bate-bocas na rua não são acompanhados por um duelo de floretes, resumindo-se a gritos e palavrões. Em círculos mais sofisticados, sem dúvida a raiva pode ser expressa por pirotecnias poéticas do mais alto calibre. Porém, um insulto é um insulto, por mais cintilante que seja. Mas, infelizmente, aquele mesmo fogo que ilumina a nossa réplica pode também queimar as nossas perspectivas de carreira (veja "*l'esprit d'escalier*", p. 113).

Fale quando estiver com raiva e você terá feito o melhor discurso do qual já se arrependeu

(Ambrose Bierce, 1842-1914, escritor e crítico norte-americano)

A amígdala, quente de paixão e pronta para lutar, é conectada com os lobos frontais, que reconhecem que para ganhar a guerra talvez você tenha de perder uma ou outra batalha. As palavras dos antigos sábios sobre a moderação falam em nome dos lobos frontais. Na Coréia, eles dizem que, se você chutar uma pedra com raiva, vai ferir o próprio pé. Buda disse: "Sentir raiva é como segurar um carvão quente com a intenção de atirá-lo em outra pessoa; você é o único que ficará queimado." Na Alemanha, eles dizem: "Escreva uma carta com raiva – mas não a envie."

Com muita freqüência, entretanto, "enxergamos tudo vermelho", tomados por uma força que vai além do nosso controle. O entorpecimento que nos invade depois de agir de maneira muito corajosa ou muito idiota ("O que aconteceu? Onde estou? Será que me deu um branco?") revela a amígdala em plena enchente. O propósito da amígdala é salvar sua vida numa emergência. As forças que ela tem sob seu comando são formidáveis, e sua autoridade é absoluta. Ela irá prepará-lo para a ação extenuante, vai amortecer toda a dor, alertar seus sentidos e acelerar o poder de processamento do seu cérebro, de forma que você consiga tomar múltiplas decisões num tempo muito rápido (tão rápido que o mundo externo vai parecer estar se movendo em câmera lenta durante sua crise). Mas essas decisões serão adequadas a um mundo paleolítico, e não às expectativas mais comensuradas e urbanas da atualidade. Podem resultar em crimes de paixão. A alegação de "responsabilidade reduzida" existe na lei para explicar os horrores que podem ocorrer quando os lobos frontais perdem o controle.

É difícil alcançar o equilíbrio certo. Por um lado, admiramos a coragem. Jean Paul Richter disse: "O homem tímido se atemoriza antes do perigo; o covarde, durante; o corajoso, depois."

Mas a mesma rapidez de reações que produz os atos heróicos também pode levar a atos trágicos. Exames cerebrais de 41 assassinos condenados demonstraram atividade reduzida no lobo frontal.[4] Estas pessoas mataram porque o lobo frontal não consegue controlar a amígdala. No momento em que o lobo frontal foi ativado, o estrago já estava feito.

> A paciência é algo que você admira no motorista que está atrás de você e despreza no que está à sua frente
>
> (Mac McCleary)

A raiva no trânsito, a raiva na fila do supermercado, todas as raivas que fazem os cabelos da nuca se arrepiarem são a nossa herança paleolítica irrompendo. O poder de controle do lobo frontal sobre a amígdala precisa ser disciplinado por meio da socialização. Para a maioria de nós, esta socialização acontece em nove décimos em nossa vida familiar e escolar. Em casa, aprendemos a esperar por recompensas e a usar a racionalização, em vez de lágrimas, para obter o que queremos. Na escola, o respeito mútuo e a cooperação com os professores são tão vitais que nem mesmo precisam ser mencionados no currículo principal.

Existem muitos exemplos do que acontece quando o treinamento é omitido. Crianças resgatadas de orfanatos terríveis na Romênia, na década de 1980, agiam como se não tivessem absolutamente nenhum controle. O meio ambiente delas fora desumanizado desde o nascimento: elas tinham sido virtualmente abandonadas, nada recebendo além de alimento e abrigo básicos. O caminho do lobo frontal até a amígdala nunca foi trilhado. Danya Glaser,[5] estudando órfãos que foram adotados por famílias norte-americanas, notou que, embora eles tivessem demonstrado uma lenta melhoria nas habilidades sociais, quanto maior o tempo de institucionalização, mais tempo levavam para controlar suas emoções, que podiam oscilar do amor ao ódio em questão de segundos. Com o controle emocional, como ocorre com tudo o mais, é "usar ou perder".

> As palavras que um homem jamais pode pronunciar e permanecer vivo: "Será que você não está com um pouquinho de TPM?"

A síndrome da tensão pré-menstrual (TPM) acontece porque os hormônios do corpo movimentam as traves do gol emocionais, deixando o cérebro em impedimento. Acontecem mudanças no equilíbrio da serotonina, cujo baixo nível já foi ligado à depressão; do ácido gama-aminobutírico (GABA), que é associado à ansiedade; e das endorfinas, neuroquímicos que alteram o princípio da dor. Em resumo, as emoções estão todas embaralhadas e quase sempre a mente não está ciente do fato. Se o lobo frontal não é capaz de se ajustar ao novo estado das emoções, ele pode levar o comportamento a um estado de fúria sem qualquer motivo.

A TPM tem sido usada como circunstância atenuante em vários casos jurídicos, incluindo um significativo julgamento no Reino Unido em 1980.[6] Até essa data, Sandie Craddock já tivera diversos problemas com a lei, tendo sido condenada por roubo, incêndio criminoso e assalto. Mas, em 1980, ela matou um colega de trabalho, portanto agora estava sendo julgada por assassinato. A polícia descobriu que ela mantinha um diário e, durante o julgamento, um médico reparou que seus atos de violência aconteciam a cada 29 dias. Ela foi declarada culpada de homicídio culposo, com base na alegação de redução de responsabilidade causada pela TPM.

Você pensa na melhor coisa para dizer no instante em que fecha a porta

Chamado de *l'esprit d'escalier* ("o espírito da escada"), graças à conhecida experiência que é descer a escadaria com o som da porta batendo ainda ressoando nos ouvidos e compor a frase brilhante, elegante e admirável com a qual você teria vencido a discussão, se ao menos tivesse pensado nela 10 segundos antes.

Se você tivesse sido guiado mais por sua amígdala, naquele exato instante teria se comportado como seus primeiros ancestrais: teria gritado, mordido e mandado os móveis pelos ares. Então, ficaria bem claro quem teria vencido a discussão – quem quer que tivesse sobrevivido. Se, por outro lado, ignorasse completamente a amígdala, você soaria distante e desinteressado. A tarefa é equilibrar "guerra-guerra" contra "mandíbula-mandíbula".

A capacidade de vencer uma discussão, atualmente, nada tem a ver com violência, mas tampouco tem muito a ver com verdade, justiça ou discurso racional. Tem muito a ver com a prática na argumentação. É uma habilidade, como tocar piano. Recursos retóricos, pronúncia vibrante e floreios devem ser aprendidos e ensaiados muitas vezes antes que você esteja preparado para nocautear seu oponente.

Esta habilidade pode ser vista com seus trajes mais sofisticados nos tribunais. Os advogados, justiça seja feita à profissão, são contratados para vencer o caso, não para chegar a uma conclusão justa. Suas habilidades retóricas são distribuídas com medidas exatas de paixão, e a amígdala é mantida em rédeas curtas.

É um equilíbrio difícil. Sem paixão, a justiça e o equilíbrio têm uma chance de triunfar. No entanto, sem paixão não haveria sequer o desejo por justiça.

> Se seus pais gritam com você, é porque eles estão errados. Se eles não gritam com você, é porque você está certo.
>
> (*Why the World is Wonky*)

Contrate adolescentes, pois eles sabem tudo

(Cartaz numa lanchonete em Banbury, Inglaterra)

À medida que os filhos crescem vertiginosamente e se embelezam em forma de adultos, os pais vão se encolhendo e ficando mais feios. Fisicamente, à medida que o jovem cresce em altura, os pais parecem encolher. Mudanças igualmente dramáticas, porém menos óbvias, também ocorrem no cérebro pubescente. A paisagem hormonal está em convulsão e necessitando desesperadamente do lobo frontal para mantê-la sob controle.

E aí está um grande problema. Exames IRMf (veja p. 239) de cérebros em desenvolvimento têm demonstrado que a maturação demora mais do que pensávamos. O foco dos estudos não era os nervos em si, mas seu isolamento.[7] Entre as idades de 14 e 25 anos, uma camada de mielina gordurosa envolve progressivamente todos os neurônios do cérebro, tornando-os mais eficientes, da mesma forma que o isolamento nos fios elétricos melhora a condutividade. A última área a ser mielinada é o lobo frontal, nos anos seguintes à idade de 25 anos. Portanto, os jovens adultos estão certos ao se sentir ansiosos com suas reações. Testosterona e estrogênio estão turbilhonando por toda parte, mas o lobo frontal ainda não está pronto para frear os hormônios devastadores. É por isso que os jovens são adultos e maduros em suas paixões, mas infantis quanto à capacidade de controlá-las.

Mark Twain refletiu sobre o próprio crescimento: "Quando eu era um garoto de 14 anos, meu pai era tão ignorante que eu mal suportava tê-lo por perto. Mas, quando cheguei aos 21, fiquei atônito ao ver o quanto ele havia aprendido em sete anos."

EVITANDO A EMOÇÃO

As pessoas não querem dizer o que dizem, nem dizem o que querem dizer

O uso cuidadoso da linguagem pode ajudar a remover o toque emocional de um confronto, evitando-se provocar a amígdala. Nas Casas do Parlamento no Reino Unido, por exemplo, há regras estritas sobre o uso de palavras difamatórias como "cafajeste", "dedo-duro", "miserável", "assassino", "ladrão" ou "cachorrinho de madame", as quais, de acordo com o protocolo, levarão os honrados membros a um ataque de apoplexia.

Jornalistas que são obrigados a escrever palavras agradáveis sobre alguém que não suportam irão encontrar palavras que transmitem a emoção certa aos ouvidos certos, enquanto evitam constranger os ouvidos errados. John Leo, em *Journalism for the Lay Reader* (Jornalismo para o leitor leigo), nos mostra o verdadeiro significado de "afável" (xereta), "leal" (burro), "nobre" (inepto), "trabalhador" (lerdo), "subiu por si mesmo" (trapaceiro) e "pragmático" (totalmente imoral).

As palavras podem adquirir um significado que não pretendiam. Um "cretino" é um tolo. Bem, não é, pois o termo era originalmente usado para descrever uma doença e foi corrompido pelo uso popular. Em respeito às pessoas que originalmente descrevia, estas agora são chamadas de "hipotiróides congênitas". É de se esperar que "cretino" caia rapidamente em desuso.

Em 1866, o dr. John Down descreveu um grupo de crianças retardadas num asilo de doentes mentais que, ao que lhe parecia, se assemelhavam muito aos mongóis. Isso se encaixou perfeitamente à idéia de que os orientais eram atrasados, portanto o termo "mongolóide" foi usado para descrevê-las. Cem anos depois, os médicos foram lentamente percebendo que este título não era nada gentil com os mongóis e profundamente ofensivo aos portadores da enfermidade, e então foi adotado o termo "síndrome de Down", mais respeitoso.

Em face de um desastre, a expressão muito elaborada é contraproducente. Os engenheiros que precisam escrever "relatórios de análise de falha no uso eficiente", nos quais relacionam tudo que pode dar errado e o que irá acontecer no caso concreto, deveriam ser abertos e francos, mas tendem a não se comprometer, dizendo:

"evento termal descontrolado" quando querem dizer "fogo";
"perda não-planejada de contenção" quando querem dizer "arrebentando";
"desarmamento rápido e espontâneo" quando querem dizer "explodindo";
"desaceleração desconstrutiva" quando querem dizer "colisão".

A cada nova aventura militar, nós nos acostumamos a ouvir frases eufemísticas, tais como "danos colaterais" em vez de "mortes de civis", "limpeza étnica" para "genocídio", ou "fogo amigo", que significa exatamente o contrário do que está dizendo.

> A morte de uma pessoa é uma tragédia;
> a morte de 5 mil pessoas é uma estatística
>
> (Josef Stalin, 1879-1953, ditador soviético)

Stalin resume o nosso problema. Os seres humanos modernos precisam lidar com grandes números, enquanto nossos ancestrais primitivos tinham um sistema de contagem de apenas quatro números – "1, 2, 3, um monte" (veja p. 186). Para Stalin (um homem em grande contato com seu lado primitivo), qualquer coisa acima de dois era demais para se entender e, portanto, algo pequeno demais para se emocionar. Podemos ficar surpresos com o frio cinismo de Stalin, mas não podemos esquecer o quanto é difícil, para todos nós, nos importarmos com a tragédia humana. A quantidade de compaixão que sentimos não aumenta na mesma proporção que as tragédias, mas, ao contrário, parece diminuir rapidamente. Desde os mendigos nas ruas até a grande fome que assola países inteiros, os reiterados pedidos por generosidade levam a uma "fadiga de compaixão". As instituições de caridade precisam gastar um bocado de dinheiro em novas campanhas publicitárias para continuar recebendo donativos.

Derrubar Stalin é fácil – ele orquestrou a morte de 20 milhões, ou mais, de seus próprios conterrâneos entre 1924 e 1953 –, mas nós também damos a nossa contribuição aos problemas do mundo. A exigência de madeira no Ocidente leva ao desmatamento de países pobres no Oriente. A destruição das árvores desestabiliza o solo, que o deixa vulnerável a enchentes e avalanches, que são as causas de muitos desastres humanos que vemos na tevê. No final dos desastres, depois que as equipes de reportagens ocidentais vão embora, as pessoas se vêem sem nenhum solo arável e, portanto, sem agricultura. Mas isso tudo acontece em lugares bem distantes...

> Quanto mais longe ocorre o desastre,
> um número maior de mortos e feridos é necessário
> para que isso se transforme numa reportagem
>
> (*Fuller's Law of Journalism*)

O cérebro do futuro, caso se desenvolva como louco, será capaz de pensar globalmente – de perceber o efeito que uma ação em um país provoca nas pessoas de outro. Por enquanto, nosso brilhantismo técnico está passando à frente de nossa maturidade emocional, e estamos presos na desconfortável posição de ser capazes de agir globalmente, mas pensar apenas de maneira local.

> O tempo cura todas as feridas
>
> (Geoffrey Chaucer, 1343-1400, escritor inglês;
> *Troilus and Criseyde*, 1385)

Outra maneira de remover a emoção de nossa vida é permitir que a passagem do tempo faça seu trabalho. Esquecer é tão vital à vida emocional quanto recordar. Se todos os nossos pavores, terrores e medos permanecessem tão poderosos sempre que os lembrássemos, como foram na primeira vez que os sentimos, nos

nos dissolveríamos em adrenalina. Infelizmente, algumas feridas não cicatrizam. Lembranças de eventos traumáticos podem nos assombrar durante décadas. Os cientistas estão procurando maneiras de ajudar neste processo de cura.

Em 2002, Beat Lutz, do Instituto de Psiquiatria Max Planck, em Munique, identificou o neuroreceptor CB1, um componente químico relacionado à *cannabis*,* como a molécula que nos ajuda a esquecer traumas passados.[8] Até agora, os estudos de Munique têm sido limitados aos ratos, mas os cientistas estão interessados em desenvolvê-los ainda mais. Eles afirmam que tal pesquisa poderia levar ao tratamento do transtorno do estresse pós-traumático (TEPT) – a incapacidade de extinguir lembranças dolorosas, encontrado nas vítimas de tragédias ou em tropas de combate.

Um olhar à nossa volta poderia indicar que o público já fez esta pesquisa – o aumento do uso da *cannabis* nos Estados Unidos, que ocorreu após o início da Guerra do Vietnã, nos anos 1960, e especialmente entre os veteranos do Vietnã, sugere que muitas pessoas já estavam bem à frente do seu tempo.

A indústria da publicidade tenta usar todos os truques para brincar com nossas emoções. Se for bem-sucedida, é porque conseguiu extrair de você algum tipo de emoção – o amor, de qualquer espécie, é a emoção que os corretores imobiliários mais popularizam; o medo é o preferido dos corretores de seguros e a raiva é encorajada pelos partidos políticos.

Qualquer objeto parece útil até o momento em que você o compra

Como aquele negócio inútil, feio, sem nenhum valor nem formato definido foi parar em sua sala de estar? Você o comprou? Como pôde ter sido tão idiota?

Foi assim: a indústria de publicidade focaliza o cientista ingênuo que existe em todos nós, colocando a coisa que deseja vender perto de algo que encoraje alguma emoção, seja ela

**Cannabis* é um gênero botânico; sua espécie mais conhecida é a *Cannabis sativa*, da qual se originam o haxixe e a maconha. (*N. do E.*)

orgulho, poder ou amor. Quando duas coisas acontecem juntas, elas estão ligadas. Pavlov salientou este simples fato há cem anos com seu trabalho com cães e o reflexo condicionado. Você alimenta o cachorro e toca uma sineta ao mesmo tempo. Depois de algumas poucas vezes, quando você toca a sineta, o cachorro olha em volta, à procura de comida. O mesmo se dá com seres humanos. Você enfeita um carro com uma modelo usando um biquini, o ser humano compra o carro e passa os dois dias seguintes procurando a garota no porta-luvas. Associe duas emoções e a reação será automática. Endosso de celebridades, colocação dos produtos, narrações animadoras. Após cinco minutos de exposição a isso tudo, você está fisgado. Somente depois que suas emoções se amenizam um pouco é que você percebe realmente a besteira que acabou fazendo.

OBJET-IVIDADE

Muitas das Leis de Murphy envolvem nossos gritos inúteis não com pessoas, mas com coisas. Nós possuímos um extraordinário dom para o animismo, atribuindo personalidade a objetos inanimados. E, com a personalidade, vêm também as emoções, intenções, motivações. Em 1944, dois pesquisadores, Heider e Simmel, produziram um filme que mostrava dois triângulos e um círculo se movendo para dentro, para fora e em volta de um quadrado.[9] As pessoas que assistiram ao filme criaram elaboradas histórias de amor e rivalidade entre os triângulos, que competiam pela afeição do círculo.

Nós sabemos que o animismo é inerente aos seres humanos. Jean Piaget, psicólogo infantil, registrou muitos casos de animismo em crianças – batendo na mesa contra a qual trombaram, dizendo a uma pedra para não machucar o jardim depois de jogá-la, pedindo a uma tábua de madeira que não chorasse quando um prego era martelado nela. Este instinto deveria desaparecer com a aprendizagem, quando nos tornamos adultos. Mas não: ele continua presente. Nós nos referimos à morte como "ela", por exemplo.

A morte não é um evento neutro. A morte tem um propósito: "Ela vem nos buscar." Pensamos que coisas são agentes ativos, trabalhando a favor ou contra nós. E, na maioria das vezes, contra.

O animismo caminha lado a lado com a ciência ingênua. Juntos, eles são a versão cerebral do Gordo e do Magro.

Nunca deixe o computador saber o quanto você está com pressa

O animismo nos faz atribuir propriedades animais – e até propriedades humanas – a todos os objetos, incluindo os malditos computadores, que sabem prever o instante exato em que você vai apertar a tecla de "salvar" e entram agilmente em colapso e esquecimento um microssegundo à sua frente. Como enfatiza Scott Adams, criador do personagem Dilbert, maravilhas tecnológicas como os computadores foram inventadas por gênios e, depois, despejadas em cima de idiotas como eu e você, para atormentar nossa vida.

O homem pós-paleolítico, com sua ciência ingênua e seu cérebro animista e pré-programado, consegue apenas executar uma dança ritual em volta da criação genial que acabou de pifar sem nenhum motivo, gritando: "O quê?!!! Como você pode fazer isso comigo??? Por favor, volte!! Por favooor!! Faço tudo que você quiser, se você des-pifar só dessa vez..."

Os objetos se comportam melhor quando gritamos com eles

Xingar realmente funciona. Diga um bom palavrão para a chave de fenda, para o parafuso e para o freio da bicicleta e, imediatamente, eles irão deslizar todos juntos.

A psicologia do xingamento é desconhecida. Diz-se que é um alívio para a tensão, mas o como, o onde e o porquê estão nitidamente aguardando o lançamento de um projeto de pesquisa. Assim como um espirro limpa as cavidades nasais, uma imprecação varre o córtex e deixa a mente mais capaz de lidar com a tarefa. No entanto, é um erro dizer que foi o palavrão que fez com que as partes da bicicleta se juntassem, pois daí estaremos deslizando novamente para o animismo. Isso poderia nos levar a desenvolver crenças pouco saudáveis a respeito de todo tipo de coisas.

Se você decidir ir a pé até o ponto de ônibus seguinte, o ônibus aparecerá exatamente quando você estiver no meio do caminho

Este não é o momento de se falar sobre o quanto os ônibus são inocentes de pecados. (Você pode descobrir por que os ônibus sempre aparecem de três em três na página 196.) Aqui, vamos expor a perversa natureza dessas feras. Com dissimulação e baixeza, elas se escondem atrás das caixas de correio e esperam, esperam, até que você esteja exatamente entre um ponto e outro, e então, com uma alegre algazarra, passam em disparada e desaparecem no horizonte. O animista em nós dá ao ônibus o livre-arbítrio e o cientista ingênuo em nós deduz que o motivo foi simplesmente maligno.

No Capítulo 8, sobre a ciência, lidamos com a vida real dos objetos inanimados (ou melhor, a falta de vida real); a torrada executa um delicado volteio Fosbury para aterrissar com a manteiga para baixo; as meias nas gavetas realizam uma votação secreta para ver qual delas irá desaparecer; quando você quer anotar um número de telefone, a tinta espirra da caneta, que dispara para longe do bloco, que se vaporiza no momento em que você estende a mão para pegá-lo; a luva esquerda perdida está rindo baixinho de você atrás do sofá, enquanto você a procura na estante, e assim por diante...

Qual é o propósito do animismo? Os pequenos querubins nos mapas antigos que sopram as velas das escunas nos demonstram. Adoradores da natureza e o pessoal que "curte" abraçar as árvores nos demonstram. O personagem de sitcom Basil Fawlty demonstra quando seu carro encrenca: bate nele com um galho de árvore como punição. Os antigos marinheiros rezavam por bom tempo, como se isso fizesse alguma diferença aos enormes, ferventes e caóticos sistemas climáticos. Eles poderiam muito bem mandar 50 libras para a borboleta na Patagônia, pedindo para que não agitasse as asas para não criar uma tempestade no Atlântico Norte. (Veja a previsão do tempo na página

193.) Os jogadores pedem à sorte que lhes "sorria esta noite", esperando que as cartas se embaralhem sozinhas na ordem certa.

O animismo é contraproducente. É inútil. Obviamente, não confere qualquer vantagem evolutiva. Eu acredito que o animismo, a exemplo da aracnofobia, pertença a uma estagnação evolucionária. É um excedente do desenvolvimento da empatia humana (veja neurônios-espelho, página 128). Nossa capacidade de ler a mente de outras pessoas transborda para a leitura da mente de objetos, mesmo quando não existe mente a ser lida.

Objetos inanimados se movem com rapidez suficiente para ficar no seu caminho

Assim que você diz alguma coisa, se for boa, ela desaparece; se for ruim, acontece

A última volta do parafuso sempre emperra

Não importa o que seja, o objeto que você comprou vai quebrar no dia seguinte ao término do prazo da garantia

A natureza sempre toma o partido da falha oculta

Qualquer situação que exija sua total atenção ocorre simultaneamente com uma distração irresistível

No interior de qualquer pequeno problema existe um grande problema lutando para vir à tona

As principais causas dos problemas são as soluções

Arquimedes atualizado: quando um corpo está imerso em água, a campainha toca

Leis de Gerrold das Dinâmicas Infernais:

- Um objeto em movimento sempre estará seguindo na direção errada
- Um objeto em repouso sempre estará no lugar errado

(Todos de Arthur Bloch, *A Lei de Murphy*, Record, 1982)

RESUMO

Não vamos evoluir para além de nossas emoções. O próximo passo natural da humanidade não é o sr. Spock de *Jornada nas Estrelas*, porque a vida sem emoção é absolutamente impossível. Antonio Damasio[10] fala sobre um paciente, Elliot, que teve um perigoso tumor removido da uma área na parte frontal do cérebro. Infelizmente, a cirurgia danificou algumas conexões entre seu lobo frontal e a amígdala. Sob muitos aspectos, Elliot teve plena recuperação. Sua memória estava intacta. Seu corpo funcionava normalmente. Ele podia fazer a maioria das atividades. Seu único problema era que não conseguia decidir quais iria fazer. Como nada lhe parecia mais importante do que qualquer outra coisa, Elliot podia passar um dia inteiro vacilando,

Os cinco tipos diferentes de cientistas:
o Salvador da Humanidade, o Confie em Mim,...

incapaz de tomar a mais simples decisão. Sem aquele sopro de emoção, por mais leve que fosse, que a amígdala pudesse comunicar, ele ficava desorientado. A amígdala administra nossas preferências, que, por sua vez, administram nossa vida.

O caso de Elliot demonstra o quanto as emoções são importantes para uma vida normal. Mas também vemos que um dia "normal" inclui um bocado de "esquisitices": ficar aterrorizado na presença de inofensivas aranhas, apaixonar-se pela pessoa errada, ter um acesso de ódio na frente de uma peça de tecnologia inútil. Isso nos faz pensar se as emoções não são superestimadas.

Para a mais pura das ciências puras, as emoções são enormes obstáculos no caminho para a verdade. O fato de darmos motivações humanas a objetos inanimados nos impede de ver como eles realmente funcionam. Os maiores cientistas, ao que parece, foram e são aqueles que procuram por fatos concretos. Henry Cavendish, um brilhante cientista inglês do século XVII que fez descobertas cem anos à frente do seu tempo, usava roupas que eram de cem anos antes de sua época. Ele nunca elevava a voz acima de um sussurro e se esquivava da companhia de pessoas. Na verdade, não se interessava absolutamen-

o Gênio Perverso, o Cata-milho, o Professor Distraído.

te pelos seres humanos. Suas extraordinárias descobertas científicas foram possíveis porque ele evitava o envolvimento emocional com o mundo inanimado. Mas isso era compensado por sua tendência a agir da mesma maneira com os seres humanos. Newton e Einstein demonstraram características similares. Suas descobertas foram possíveis porque eles estavam afastados do fluxo emocional, capazes de enxergar os acontecimentos com mais frieza.

Nós desconfiamos dessa frieza. O cientista frio e distante é, de alguma forma, um cientista perigoso. Como Frankenstein ou Edward Teller, o pai da bomba H, ao que parece, eles fazem as coisas apenas porque elas podem ser feitas, e não com algum propósito humano. A capacidade de realizar coisas maravilhosas com a ciência precisa ser reprimida por uma compreensão emocional das conseqüências.

Em raros casos de acidentes trágicos em que a amígdala tenha sido completamente danificada, podemos ver o quanto as emoções são essenciais. Um objeto parece ser exatamente igual ao outro – e os seres humanos são incluídos como "objetos" – porque não provocam qualquer reação emocional. Essas pessoas não sentem felicidade nem tristeza; são emocionalmente vazias. Elas perdem todo interesse na vida, a partir da premissa de que a vida e a morte são igualmente despidas de sentido.

Sem as emoções, não somos mais humanos do que uma ameba. Até mesmo o sr. Spock, o vulcano supostamente livre de emoções do seriado *Jornada nas Estrelas*, deve ter emoções – e muitas –, pois, do contrário, como ficaria motivado a "seguir com audácia" semana após semana? Mas sem o controle das emoções corremos o risco de seguir não apenas com audácia, mas também com imprudência, e então Murphy estará à espreita, logo atrás.

6
Opinião pública

Você acha que já completamos o quebra-cabeça? Juntamos as peças, colocamos todas em seus lugares e preenchemos os espaços vazios, mas o jogo ainda não está terminado. Ainda não pedimos a opinião de outra pessoa. Apesar de tudo o que você possa pensar a respeito do que aconteceu antes, sua própria figura de nada serve antes de ser comparada com a da multidão que o rodeia.

Você conhece pessoas que são perfeitamente dóceis em casa, mas que se transformam em festeiros selvagens nas sextas-feiras, ou que são incontroláveis em casa mas doces anjinhos na empresa? Então, sabe do que estou falando. Este capítulo analisa o que acontece quando estamos em grupo. Não importa qual seja o eu "interior" que acreditamos ter, nos tornamos pessoas diferentes em festas, em reuniões, com crianças, em demonstrações políticas, em jogos de futebol ou até mesmo com apenas outra pessoa na sala. Nós temos um "eu" diferente para todas essas ocasiões. Quando estamos em grupo, perdemos nossa individualidade.

É difícil ir contra a maré.

Como descobriremos neste capítulo, tomamos decisões em grupo que ninguém, em sã consciência, tomaria sozinho. As Leis de Murphy são as únicas leis.

NEURÔNIOS-ESPELHO

A moeda corrente básica para o comportamento em grupo é o neurônio-espelho. V. S. Ramachandran previu que "os neurônios-espelho farão para a psicologia o que o DNA fez para a biologia". O fenômeno do neurônio-espelho é real, mensurável e notável de se observar.

Em 1998, Giacomo Rizzolatti, usando IRM funcionais em macacos, fez uma descoberta: quando um macaco observa outro macaco tentando solucionar um problema, seu cérebro se ilumina exatamente como o do outro, ou seja, ele espelha o pensamento do outro quase neurônio por neurônio.[1] As implicações disso são assombrosas. Os dois cérebros ficam escravizados um ao outro. O aprendizado do macaco X é transferido para o cérebro do macaco Y instantaneamente, sem que haja qualquer comunicação entre eles. Meramente observando o macaco X, agora o macaco Y está livre para fazer a mesma coisa que viu o macaco X fazer, ou talvez fazer de maneira ligeiramente diferente e ver o que acontece, e o macaco X pode observar, aprender e pensar, e tentar de outra maneira, e assim, juntos, eles podem resolver o problema. Duas cabeças são definitivamente melhores do que uma, quando os neurônios-espelho estão envolvidos.

Não deveríamos ficar surpresos com a habilidade desses macacos de ler a mente. Afinal, o cérebro deles é construído com as mesmas substâncias e tem o mesmo *design* básico. Como cada um é ligado da mesma maneira, dispara da mesma maneira. Deveria ser comparativamente fácil para um deles agir como um *hacker* no cérebro de outro e se sentir perfeitamente à vontade ali. Adoramos observar os macacos no zoológico porque entendemos o que eles pretendem fazer; somos capazes de ler a mente deles. Será que conseguimos ler a mente dos golfinhos? Dos cachorros? Será que os cachorros conseguem ler nossa mente? Será que é por isso que eles sabem quando estamos nos preparando para levá-los para passear? Seremos todos nós grandes, felizes, empáticos e paralelamente programados espelhos uns dos outros?

Certamente usamos neurônios-espelho entre nós. Chame de "empatia", se quiser, mas, quando encolhemos ao ver outra pessoa tomando uma injeção, estamos sentindo a dor dela. Quando choramos no cinema pelo sofrimento de alguém, são nossos neurônios-espelho nos levando a isso. Uma pessoa alegre num grupo faz com que o grupo inteiro seja alegre. Um mal-humorado deixa todo mundo rabugento.

Podemos espelhar uns aos outros desde muito cedo. Andy Meltzoff[2] reparou que bebês com apenas 40 minutos de vida são capazes de imitar as expressões faciais à sua frente, fazendo caretas e mostrando a língua, por exemplo.

É fácil fazer com que a mente das pessoas espelhe automaticamente uma à outra. Na próxima vez em que você estiver num ônibus ou trem lotado, experimente bocejar: logo metade das pessoas ali dentro estará bocejando também. Não há nada que elas possam fazer quanto a isso, pois o cérebro dela está escravizado ao seu.

Os neurônios-espelho estão atrás de uma das principais Leis de Murphy:

Nada dá certo quando há alguém olhando

Você praticou aquela apresentação de violino durante 15 dias. Tudo correu muito bem enquanto você estava sozinho, mas agora, em público, quando realmente importa, com todos os olhares sobre você no silêncio expectante, seu cérebro derrete. O que aconteceu? Compreender os neurônios-espelho ajuda a explicar.

Em primeiro lugar, tocar um instrumento não é nada fácil. Os movimentos coordenados envolvem diversas áreas no cérebro. O cerebelo lida com o básico: Você está de pé? Sabe onde estão seus dedos? O putâmen armazena as habilidades manuais que você já conhece, o hipocampo ajuda com as novas, as áreas motora e sensorial instruem os movimentos musculares do momento, o córtex frontal pensa sobre a interpretação. Seu treino serve mais para coordenar todos esses departamentos do que para qualquer outra coisa. Quando todos estão funcionando uniformemente, seus dedos voam, aparentemente sem que você sequer precise pensar neles. Na verdade, é essencial que você não pense neles, pois interromperia aquele diálogo particular. É por isso que se diz que o artista está "na dele", embora fosse melhor que não estivesse, pois isso permitiria que o cérebro cuidasse sozinho de suas muitas tarefas.

A chegada de uma platéia muda tudo. Sua frieza é estilhaçada por todo tipo de novos pensamentos, vindos de partes inesperadas do cérebro: "Meu cabelo está arrumado? Espero que ninguém repare nessa espinha! Não posso me esquecer de agradecer no final! Será que já não agradeci?!"

Além disso, a presença de outras pessoas à sua volta faz com que seus neurônios-espelho se ativem: sua platéia irá desfrutar a música "através" de você. Mas também você começa a ouvir a música através dos ouvidos da platéia. Os ensaios não o prepararam para essas ondulações emocionais, e é claro que, assim que você fica inibido, sua coordenação vai para o espaço. Você precisa aprender a lidar com os estranhos e novos pensamentos para ajudar seu cérebro a voltar a ficar "na dele".

A cura mais simples para a timidez é praticar na presença de outras pessoas. Da mesma forma que caminhar por trilhas nas montanhas o deixa mais à vontade com penhascos, praticar com outras pessoas na sala o deixará à vontade diante de uma platéia.

MEMES

Trinta anos antes da descoberta dos neurônios-espelho, Richard Dawkins os anteviu em sua teoria do "meme". O autor de *O gene egoísta* propôs, no mesmo livro, que o DNA não é a única coisa transmitida de uma geração a outra: as características adquiridas, unidades culturais, que ele chamou de "memes", também têm vida própria. Como os genes, elas são copiadas e se transformam; as úteis sobrevivem e se espalham, enquanto as inúteis desaparecem.

A teoria do meme explicava a notável descoberta feita na ilha de Koshima, em 1952.[3] A fim de estudar o Macaco japonês (*Macaca fuscata*) os cientistas os atraíam para fora da floresta jogando batatas-doces na praia. As macacas gostavam do sabor das batatas-doces, mas não da areia. Uma fêmea de 18 meses, denominada de Imo, descobriu que podia resolver o problema lavando as batatas num riacho nas proximidades. Ela ensinou esse truque à sua mãe. Suas companheiras, que também observavam, aprenderam e ensinaram às próprias mães. Gradualmente, todas as macacas aprenderam a arte e, uma geração depois, ainda fazem isso. Quando uma macaca jovem vê uma mais velha lavando as batatas, seus neurônios espelham as da outra e, pronto, a ação é imediatamente absorvida.

Para os seres humanos, o alcance dos memes é amplo, muito além do simples ato de lavar batatas. Qualquer atividade que seja aprendida e passada para a geração seguinte conta. Em pequena escala, uma frase feita é um meme; "Me agüente" é um meme. Em maior escala, os costumes sociais, atitudes nacionais e as religiões são memes.

O primeiro ser humano a descobrir um uso para as lascas pontudas de pedra foi observado por seu grupo, que o imitou. A idéia provou ser popular o suficiente para que um período de um milhão de anos de vida na Terra fosse nomeado a partir dela – a Idade da Pedra. Quinze mil anos atrás, outro ser humano, ou grupo de seres humanos, no Iraque, tentou fazer algo mais complicado: estabelecer-se num mesmo lugar em vez de vagar pelas planícies. Eles iniciaram plantações e prenderam alguns animais em cercados, e a agricultura foi inventada. Os arqueólogos podem mapear

Descobrindo quais cogumelos não se deve comer.

a expansão da agricultura desde a Mesopotâmia até o Oeste num ritmo estável de 1 quilômetro por ano, conforme cada comunidade imitava seus vizinhos, adotando o meme e passando-o adiante.

Qual é a diferença entre o meme e o gene? Comer cogumelos entra na lista dos "genes", pois tem a ver com o instinto da alimentação. Saber qual cogumelo pode ser comido é um meme, desenvolvido ao longo de milhares de anos. Muitas pessoas morreram para descobrir quais cogumelos não podiam ser ingeridos. Este meme teve um custo e será passado com muito cuidado de uma geração a outra.

Os memes são tão persistentes como se tivessem sido geneticamente programados e, como os genes, freqüentemente deixam rastro mesmo depois de sofrerem mutação. Parte do nosso DNA ainda provoca arrepios em nossos braços, muito embora outra parte já tenha parado de fornecer pêlos suficientes para acompanhá-los. Este é um pedaço de lixo genético. Os botões nas mangas dos paletós, uma herança de quando as mangas podiam ser dobradas, são um meme inútil.

É claro que, para difundir um meme, você precisa ter uma multidão. Felizmente, sempre conseguimos encontrar uma:

> Quando você viaja num feriado, todo mundo viaja.
> Quando você volta para casa, todo mundo volta.
> Se você sai às quatro da madrugada para evitar o trânsito, todo mundo também sai

É uma ironia o fato de ficarmos tão irritados com o grande afluxo de gente nos feriados, mas, ainda assim, providenciarmos para que todas as comemorações aconteçam ao mesmo tempo para todos. Alguns "gênios" no passado já sugeriram o escalonamento do Natal e da Páscoa, para que todos celebrassem em dias diferentes, evitando, assim, as multidões. Você pode imaginar o quanto eles foram impopulares! Não – todos nós precisamos nos juntar em multidões. É o jeito humano. Somos animais gregários. Ficar parado num congestionamento de trânsito durante uma tarde inteira de sábado porque todo mundo está tentando chegar ao mesmo tempo no mesmo shopping – nós adoramos. Adoramos odiar isso. No verão, podem nos dar uma praia linda e deserta, porém, mais cedo ou mais tarde, estaremos correndo na beira do mar até encontrarmos uma baía repleta de "farofeiros" e crianças gritando, e, então, nos queixamos desvairadamente da falta de privacidade. Desde os coros de Natal até as finais da Copa do Mundo, todos nos amontoamos em qualquer oportunidade. E, enquanto estivermos ali, iremos expor e compartilhar nossos memes...

> Quando as pessoas podem fazer o que querem, todas fazem a mesma coisa
>
> (Eric Hoffer, 1902-1983, escritor norte-americano; *The Passionate State of Mind,* 1955)

Por mais criativos que sejam nossos pensamentos quando estamos sozinhos, quando formamos grupos nossos pensamentos convergem. Numa imaginativa experiência, realizada em 1937, Muzafer Sherif demonstrou este fato usando o efeito autocinético, uma ilusão visual.[4] Se você sentar numa sala escura com um único ponto de luz, a luz parecerá se mover, porque, sem qualquer moldura fixa como referência, o cérebro será incapaz de estabilizar a imagem. Sherif dispôs vários estudantes numa sala e pediu que observassem a luz – sem dizer que estava fixa. Todos acharam que a luz estava se movendo. Para cada um dos estudantes, a intensidade e a direção do movimento eram diferentes. Claro, tratava-se de uma fantasia. Mas, quando Sherif os convidou a falar sobre o que o ponto de luz estava fazendo, todos os relatos começaram a convergir. Depois de algum tempo, todos eles relataram ter visto a luz se movendo da mesma maneira. Em outras palavras, eles coordenaram suas fantasias. A mente deles se uniu como um bando de pássaros.

Os memes são responsáveis pela moda no vestuário. Todos nós poderíamos nos vestir de maneira completamente diferente uns dos outros, mas, em vez disso, reparamos o que as pessoas estão usando e fazemos o mesmo. James Laver, em *Taste and Fashion* (1937) (Gosto e moda), fez um resumo disso em sua "Lei da Moda" universal. É assim que todos nós pensamos:

Indecente	Dez anos antes do seu tempo
Sem-vergonha	Cinco anos antes do seu tempo
Atrevido	Um ano antes do seu tempo
Elegante	Tudo bem por enquanto
Desmazelado	Um ano depois do seu tempo
Horroroso	Dez anos depois do seu tempo
Ridículo	Vinte anos depois do seu tempo
Divertido	Trinta anos depois do seu tempo
Exótico	Cinqüenta anos depois do seu tempo
Charmoso	Setenta anos depois do seu tempo
Romântico	Cem anos depois do seu tempo
Lindo	150 anos depois do seu tempo

Cabelo liso precisa ser encrespado; cabelo crespo precisa ser alisado

É uma certeza incontestável que, no momento em que você atingir a idade da desesperada conformidade com a moda, o estilo de cabelo exigido será o oposto daquele que você tem. Em cada época, apenas um tipo de cabelo é permitido e, qualquer que seja o seu, não é o certo.

A obrigação de seguir as tendências tem conseqüências infelizes, por exemplo, quando a moda de barrigas à mostra se vê face a face com a obesidade epidêmica. As Leis de Murphy providenciam para que, num momento da história da humanidade em que seria uma boa idéia escondê-las, tenhamos de exibi-las. Os resultados freqüentemente são trágicos, mas não há nada que os jovens orgulhosamente independentes não façam para ficar iguais uns aos outros.

Às vezes, o meme da moda pode se estabilizar, talvez durante séculos. Isso é rebatizado de "tradição" e, ocasionalmente, faz com que algumas estranhas visões flutuem diante de nossos olhos. Na

Inglaterra, a fonte máxima de toda sabedoria é um Lorde da Lei, guardião do sistema judiciário da nação. Sóbrio e respeitável, esse augusto sábio precisa se vestir de uma maneira que, pensando bem, faz lembrar exatamente aquela velha tia Dora, na lojinha da esquina, com o cabelo encaracolado e, ainda por cima, usando um camisolão. Mas mudar este vestuário aparentemente ameaçaria as próprias bases da civilização.

Quando os estudantes se formam, precisam usar um pedaço de papelão na cabeça. Eles poderiam, se quisessem, decidir *en masse* que esta é uma maneira muito tola de anunciar sua inteligência, mas o meme é poderoso e o papelão continua sendo usado.

A LEI DE MURPHY NAS CORPORAÇÕES

Os memes permeiam os negócios como uma "cultura corporativa". Todas as organizações, desde o McDonald's até a revendedora de autopeças do seu bairro, têm uma cultura própria, que reflete a natureza da pessoa que a dirige. Se você quiser ser bem-sucedido com o revendedor de autopeças, terá de fazer as coisas do jeito dele. Se quiser se dar bem com o McDonald's, presume-se que o mesmo se aplique. Mas quem é esse tal de McDonald que devemos respeitar? A corporação é tão vasta que deve ser difícil descobrir qual é a essência da "McDonaldicidade", e fica fácil errar.

Sem dúvida, as Leis de Murphy serão encontradas aqui.

Em corporações e governos, existe uma estrutura cuja tarefa e assegurar que tudo o que é feito preserva a pureza do corpo - é chamada de comitê.

As corporações se comportam de maneira misteriosa. Podemos encontrar uma parábola no mundo do bolor viscoso. Existe um fungo, *Dictyostelium*, que é encontrado na madeira apodrecida. Ele parece viscoso porque é basicamente uma massa de amebas deslizando umas por cima das outras, mascando as bactérias da madeira, fazendo uma pausa para criar uma vida familiar, que se trata apenas de parar por um instante, dividir-se ao meio e, depois, seguir em frente mascando. Cada ameba é autônoma; é seu próprio patrão.

Quando há escassez de comida, no entanto, algo estranho acontece. Um sinal químico se espalha pela colônia e compele as amebas a se voltarem na direção central, onde adquirem um formato de lesma e começam a se mover para cima do tronco. Cada uma, se você pudesse perguntar, deixaria bem claro que continua sendo um indivíduo, como sempre foi. Mas é evidente, para quem olha de fora, que este é um chamado mais elevado. Faz parte da "corporação". No interior daquele corpo de lesma, cada ameba tem uma função específica, dependendo de onde esteja. Se for na parte inferior, precisa manter a lesma se arrastando para cima. Se, pouco depois, ela estiver na frente, seu lado mais sensível será exigido – ela precisará cheirar seu caminho adiante. Quando esta lesma encontra o ponto mais alto do tronco, outra mudança se inicia na colônia. Ela adquire uma haste. Na extremidade da haste, cresce um grão, no qual se assenta um pequeno grupo de amebas. Quando a haste resseca e morre, o grão é apanhado pela primeira brisa e soprado para um novo local, onde o ciclo da vida começa novamente.

Portanto, a aparentemente autônoma ameba pode se tornar parte da corporação do bolor viscoso e realizar diversas manobras difíceis e coordenadas antes de se extinguir pelo bem da colônia, tendo assegurado a sobrevivência de uns poucos no topo. Parece familiar?

Comitê: um lugar aonde as boas idéias vão para morrer

A tarefa do comitê, de acordo com a lenda, é encorajar as boas, novas e imaginativas idéias a estourarem numa salinha dos fundos, onde são discretamente sufocadas. J. F. Kennedy o definiu como "12 homens fazendo o trabalho de um". Milton Berle disse: "Um grupo que guarda minutas e perde horas." Arthur Goldberg declarou: "Se Colombo tivesse um comitê conselheiro, provavelmente ainda estaria nas docas." Por que os comitês têm tão má reputação?

O comitê é parte do sistema imunológico da corporação. As novas idéias são, a princípio, consideradas perigosas, e tratadas com extrema cautela, como possíveis vírus. O comitê age como um nódulo linfático corporativo: investiga a idéia alienígena. Se a idéia parece se encaixar na cultura corporativa, é absorvida; do contrário, é adiada para a próxima reunião, e depois para a outra, até que finalmente murcha e morre.

Afirmar que todos os comitês são desertos da alma é denegrir os inúmeros comitês que sabem por que existem e funcionam extremamente bem. No entanto, quando um grupo não tem um objetivo claro, pode ser que uma idéia esplêndida acabe sendo empurrada para todas as direções, até ficar terrivelmente deformada e, em seguida, encaixada num prazo.

É ao mesmo tempo lindamente democrático e enlouquecedoramente frustrante quando nenhum membro do comitê pode liderar. Todos acatam as opiniões, são amigáveis, equilibrados e se apóiam e, no final, encontram uma solução que poderia não ser a melhor, mas que talvez seja a menos ruim.

> Um comitê é um grupo de pessoas que não conseguem decidir nada sozinhas, mas que, juntas, conseguem decidir que nada pode ser feito
>
> (Fred Allen, 1894-1956, radialista norte-americano)

Há também a perturbadora sensação no núcleo do comitê de que todos estejam com os ouvidos atentos a uma voz misteriosa. Todos ali em volta da mesa sabem, no íntimo, que a corporação que os gerou deseja que o comitê chegue a uma determinada conclusão, que ele não sabe qual é, baseada num critério que não será revelado. Então, o comitê está brincando de "telefone sem fio" com um invisível e inaudível jogador extra na mesa, o meme da equipe. Em muitos casos, a crença defeituosa do comitê é de que a administração da empresa realmente iria preferir que nada de muito dramático acontecesse. E, então, isso acontece.

A única coisa que o comitê não consegue fazer é se comprometer.

A abordagem do problema é mais importante do que a solução

A estabilidade interna é mais valorizada do que a eficiência

Se um problema provoca muitas reuniões, as reuniões acabarão por se tornar mais importantes do que o problema

(Todos de Arthur Bloch, *A Lei de Murphy*, Record, 1982)

Não existe um gene para a formação de comitês. O procedimento dos comitês é um meme passado de uma geração para outra. No lugar dos blocos básicos de construção do DNA, adenosina, guanina, timina e citosina (A, G, T, C), os comitês possuem agendas, quóruns, propostas, acordos e quaisquer outros negócios e moções que possam ser adiados.

> Uma conclusão é o ponto em que você chega quando já está cansado de pensar
>
> (Matz Law, citado por Arthur Bloch em *A Lei de Murphy*, Record, 1982)

Seja o comitê eterno ou provisório com um propósito específico, ele precisa, de vez em quando, chegar a conclusões. Mais ainda, elas precisam parecer conclusões, e não uma mixórdia indecisa. É aqui que um relatório – repleto de jargão, palavras difíceis e do uso freqüente de frases otimistas, como "estar em andamento" e "delegar poderes" – formará uma boa nuvem de fumaça, projetará adiante a cultura da empresa e acrescentará pontos positivos ao curriculum de todos. No final...

> Os meios justificam os meios

O SUCESSO E A LEI DE MURPHY

As Leis de Murphy podem ajudá-lo a abrir o caminho para o topo? Jean Giraudoux oferece um conselho famoso:

> O segredo do sucesso é a sinceridade – se você consegue fingir que é sincero, está no caminho certo
>
> (Jean Giraudoux, 1882-1944, dramaturgo francês)

Queremos ser capazes de entender completa e profundamente uma pessoa, e o único meio de conseguir é analisando o rosto dela. Reservamos uma grande área do cérebro para esse pequeno quadrado de carne. O quanto podemos psicoanalisar uma pessoa simplesmente olhando para ela? O quão fácil é ler um rosto? Todos os seres humanos compartilham um repertório de mais ou menos 7 mil gestos faciais. Um deles, o "sorriso social", é usado mais do que os outros porque, como disse Rita Carter, em *Mapping the Mind* (Mapeando a mente), ele nos permite mentir. O sorriso social é bem diferente do sorriso natural. Tomografias demonstram que partes distintas do cérebro são envolvidas para produzi-los e músculos distintos são usados para formá-los. O sorriso genuíno utiliza músculos diminutos em torno dos olhos – o outro não – e tende a se prolongar mais do que o sorriso social. Se você consegue falsificar esses movimentos musculares, então está, de fato, no caminho certo para o sucesso.

Parece que a grande maioria das pessoas é genuinamente incapaz de perceber a diferença entre um sorriso real e um falso. Em 1990, Paul Ekman e outros pesquisadores da Universidade da Califórnia disseram a dois grupos de enfermeiras que queriam testar o quão joviais e alegres elas poderiam ser em todas as circunstâncias.[5] Foi então exibido um filme, o qual elas teriam de descrever diante de um júri de maneira alegre e animada. O primeiro grupo assistiu a um filme agradável, com o qual puderam sorrir de verdade; o segundo viu um filme no qual as pessoas sofriam ferimentos terríveis. Todas elas foram entrevistadas por especialistas em estudos de linguagem corporal: psicólogos, juízes, detetives, agentes do serviço secreto e oficiais de alfândega. Muito poucos especialistas conseguiram dizer quem estava dando o sorriso falso.

Um grama de imagem vale 1 quilo de desempenho

(Laurence J. Peter, 1919-1988, educador norte-americano e escritor; *The Peter Principle*, 1969)

Em 1946, Solomon Asch demonstrou com elegância quão pouca é a diferença entre uma boa imagem e uma ruim.[6] Ele entregou a dois grupos uma lista de adjetivos que descreviam uma pessoa fictícia. Para um dos grupos, os adjetivos eram: inteligente, habilidoso, esforçado, cordial, determinado, prático e cauteloso. Para o segundo grupo, os adjetivos eram os mesmos, exceto que a palavra "cordial" foi substituída por "frio". A diferença na atribuição foi notável. A primeira pessoa foi julgada como provavelmente generosa, popular, sociável e bem-humorada, enquanto a outra foi julgada como sovina, impopular, solitária e melancólica. O que quer que você seja, ao que parece, vale a pena ser cordial.

Quando julgamos as pessoas, baseamos nossas conclusões em evidências bastante ilusórias. Os psicólogos se referem à *avareza cognitiva* (a tendência de misturar muitas características diferentes), à *ciência ingênua* (a tendência de tirarmos conclusões simplistas) e ao *efeito halo* (a tendência de uma característica aparente encobrir as demais, como a palavra "cordial" no exemplo anterior). O resultado é que acabamos formando uma grande amplitude de opiniões, baseadas unicamente na adivinhação.

- **Avareza cognitiva:** Muitas pessoas usam o tipo de calçado como referência para julgar o caráter: bons sapatos, boa alma. Este pode ser um exemplo extremo, porém muitos de nós estão convencidos de que as pessoas gordas são alegres, de que testas largas são sinal de inteligência, de que olhos muito juntos indicam que a pessoa não merece confiança. Rostos bonitos encobrem personalidades bonitas. E, como afirmou Dorothy Parker: "Os homens raramente paqueram mulheres que usam óculos."

- **Ciência ingênua:** Apenas a escolha de um nome pode levar as pessoas a tirarem conclusões simplistas; numa experiência relatada por Adler,[7] 464 psiquiatras foram solicitados a fazer uma avaliação, baseando-se numa descrição de uma página de um paciente que aparentemente havia cometido um assalto. Todos eles receberam a mesma descrição, mas, para metade do grupo, o nome do paciente era Mathew, enquanto para a outra metade era Wayne. Wayne recebeu uma avaliação consideravelmente mais negativa. Na peça *Romeu e Julieta*, de Shakespeare, Julieta indaga: "O que há em um nome?" A resposta é: muita coisa, na verdade. É por isso que Shakespeare não escreveu *Wayne e Julieta.*

- **Efeito halo:** Cerque-se de coisas belas e algumas delas irão penetrar em você. Isso realmente acontece.

Nada faz tanto sucesso quanto a aparência de sucesso

(Christopher Lasch, 1932-1994, colunista social norte-americano)

A escolha da parafernália certa para auxiliar o efeito halo nunca foi tão premente quanto agora. A complexidade de nossa cultura gera uma cornucópia de badulaques aos quais as pessoas se agarram. Anéis de dedos, anéis de nariz, pulseiras, colares, Rolex, Rolls-Royce, estilos de cabelo, milhas aéreas, largos sorrisos... Tudo isso irá expressar seu "eu" verdadeiro e bem-sucedido. Portanto, pendure bugigangas no pescoço.

A piada de um rico é sempre engraçada

(Thomas Brown, comentarista social)

Estar associado às pessoas certas também é importante. Apenas permanecer na mesma sala durante cinco minutos com uma lista de celebridades vip acrescenta um brilho cintilante à sua vida. Os neurônios-espelho disparam.

Nossa ligação às coisas e pessoas que nos rodeiam foi demonstrada numa experiência bastante sutil.[8] Estudantes foram solicitados a escolher palavras dentro de uma série. A alguns foram dadas palavras neutras; a outros, palavras relacionadas negativamente à idade, como "decrépito" ou "artrite". Quando eles terminaram, os pesquisadores agradeceram e os dispensaram. Os estudantes devem ter-se perguntado, enquanto seguiam para o elevador, qual seria o objetivo de tudo aquilo. Na verdade, eles estavam sendo cronometrados enquanto andavam. As pessoas que escolheram palavras relacionadas à idade caminhavam para o elevador de maneira significativamente mais lenta. Um pouco da tarefa que tinham concluído se impregnara neles, pelo menos o suficiente para que ficassem ligeiramente "envelhecidos".

Se não vamos ter gente jovem se sentindo velha em nossa companhia, é melhor nós mesmos nos mantermos jovens. A indústria multibilionária devotada ao rejuvenescimento tem certeza disso. A venda de cosméticos "que desafiam o tempo" está subindo, subindo, subindo.

É até possível que nossos memes estejam recebendo o apoio de nossos genes nessa conspiração. A controvertida teoria da neotenia salienta que os seres humanos têm progressivamente menos pêlos e estão ficando com os olhos maiores e mais separados, exatamente como um bebê. Será que estaríamos todos evoluindo com feições de bebê, o que nos deixaria com uma aparência muito mais atraente?

Seguem aqui algumas regras gerais para o escritório, extraídas de várias fontes. Se você segui-las, verá que todos à sua volta passarão a exercitar a ciência ingênua, o efeito halo e a avareza cognitiva a seu favor:

- Nunca ande pelos corredores e salas da empresa sem um pedaço de papel na mão.
- Nunca seja o primeiro a bocejar.
- Nunca conduza negociações antes das dez da manhã ou depois das quatro da tarde; antes das dez você parecerá ansioso, e, depois das quatro, as pessoas vão pensar que você está desesperado.

- Sempre deixe o telefone tocar três vezes antes de atender.
- Sempre fique de olho em algumas boas notícias, para que possa ser o porta-voz.
- Esteja fora do prédio quando as más notícias chegarem.
- Certifique-se de ser visto com pessoas importantes.
- Escute as piadas inteiras, sem interromper para contar o final.
- Quando alguém lhe contar uma notícia estritamente confidencial, tenha o cuidado de espalhá-la por toda parte.
- Ache seu patrão encantador e divertido.
- Dirija-se a completos estranhos pelo primeiro nome 15 segundos depois de ter sido apresentado a eles.
- Distribua seu cartão de negócios a todo mundo, incluindo os familiares.
- Nunca fale no elevador.
- Nunca use realmente a palavra "não".
- Ou a palavra "realmente".
- Tenha uma ressaca fulminante, mesmo se não tiver bebido uma gota.
- De vez em quando, experimente pôr em prática a sugestão do seu chefe.

PODER, POSIÇÃO E A LEI DE MURPHY

Você quer que suas opiniões prevaleçam, quer deixar sua marca em seu grupo, demonstrar suas qualidades de liderança e ser promovido, mas existe um problema:

> Qualquer pessoa popular está fadada a ser detestada
>
> (Lawrence Peter Berra, conhecido como "Yogi")

Aqui, Berra estabelece um enigma para os trabalhadores de todas as áreas e lugares. Para subir na empresa, você precisa ser popular. No entanto, o sucesso exige agresividade e esperteza.

Você já sabe que a cordialidade funciona. Então, seja cordial. Seja cordial, caramba! Todas as outras pessoas estarão tentando ser cordiais. Finalmente, uma entre estas tantas será mais cordial e amigável que as demais, e também mais popular. Então, será apenas uma questão de tempo que as outras se juntem de maneira cordial e amigável e cutuquem a mais popular para fora.

Ninguém fica inteiramente triste com o fracasso de um amigo

(Gore Vidal, 1925- , escritor norte-americano)

Com amigos assim, quem precisa do vírus Ebola? Os comentários de Gore Vidal podem ser um tantinho cínicos, mas ele está absolutamente certo. É um paradoxo que, quando um amigo ou colega de trabalho leva um tombo, metade de você fique triste e a outra metade, um pouquinho contente.

Existem duas partes de você trabalhando em oposição, ao que parece: uma parte é cheia de empatia, dedicada ao trabalho em equipe, com neurônios-espelho refletindo os dissabores de seu amigo. A outra parte é ambiciosa, em luta constante para estar no topo da hierarquia social.

Qualquer homem mais certo do que o seu próximo constitui uma maioria de um

(Henry David Thoreau, 1817-1862, escritor, poeta e filósofo norte-americano; *Civil Disobedience*)

Aqui, entramos na zona de testosterona. A testosterona tem muitas respostas para isso.[9] Este hormônio foi apontado como principal fonte do comportamento agressivo masculino. Desde o momento em que se inicia a produção de testosterona nos homens, mais ou menos aos 13 anos de idade, começa a rivalidade entre eles: brigas, discussões, mau humor, depressão e explosões fustigam a família ou o local de trabalho, quando os jovens touros arremetem os chifres para todos os lados.

Por que a adolescência acontece? O mundo não seria muito mais pacífico sem ela? Será unicamente para tornar a vida de todos mais difícil? Bem, não, no final é para tornar a vida mais simples.

Um problema que se desenvolveu lado a lado com a evolução dos neurônios-espelho era lidar com todos os ruídos neuronais que os acompanham. Se a mente de todos nós refletisse a de todos igualmente, então a idéia de um seria tão boa quanto a do outro. Cada cérebro estaria inundado com ondas de empatia à sua volta, pois todos estariam relacionados com todos. Uma agitação estridente na comunicação resultaria em... mais caciques do que índios... o caldo entornado por cozinheiros demais... Muitos provérbios ilustram o problema.

A solução que a evolução providenciou foi a hierarquia social, em que alguém age como principal receptor e transmissor, e os outros posicionam-se abaixo. Este é um sistema muito mais eficiente e é responsável pela natureza brilhantemente dirigida do trabalho de equipe; uma equipe se concentra numa tarefa "com uma só cabeça". Todos desempenham um papel no grupo e conhecem seu lugar.

A testosterona ajuda a selecionar as fileiras. Em uma competição ou luta entre rivais, o nível de testosterona deles aumenta na corrente sangüínea. Depois do resultado, o nível de testosterona do vencedor se eleva ainda mais, enquanto o do perdedor cai. Em grupos de macacos, o nível de testosterona reflete exatamente a ordem hierárquica: níveis elevados no topo, mais baixos na base. Em grupos instáveis, em que existe muita luta por status, há uma grande diferença entre o nível de testosterona das categorias mais altas e das mais baixas; porém, em grupos estáveis, a testosterona não é mais necessária para mediar o processo de seleção, e os níveis são completamente igualados.

Caras bonzinhos acabam por último

(Leo "The Lip" Durocher, treinador de beisebol, 1946)

Macacos e chimpanzés, nossos parentes mais próximos, têm uma estrutura social bem documentada. A hierarquia entre os machos é ritualizada, com comportamento agressivo irrompendo apenas quando uma mudança na ordem está em debate. Essas lutas podem se tornar bastante violentas, porém raramente representam risco de vida e normalmente adquirem a forma de exibições rituais. (O comportamento realmente agressivo é reservado para quando eles caçam ou brigam com os vizinhos.)

Os gestos usados pelos trabalhadores de escritórios quando estão sob pressão são herdados dos chimpanzés, mas agora reduzidos a status simbólicos: um dedo erguido equivale a um pedaço de pau sendo agitado, um sorriso exagerado substitui a mordida, atirar um bloco de papel na mesa substitui arrancar uma árvore pela raiz e lançá-la na floresta, o sarcasmo substitui a lança.

E, sim, a situação também pode ficar violenta. Um estudo conduzido pelo Instituto de Pesquisa de Violência no Trabalho, nos Estados Unidos, em 1995, revelou que, "em todos os dias úteis, uma estimativa de 16.400 ameaças são feitas, 723 trabalhadores são atacados e 43.800 são intimidados". Em 1996, uma pesquisa por telefone conduzida pela Gallup, também nos Estados Unidos, descobriu que dos mil adultos entrevistados, 25 por cento relataram estar "geralmente pelo menos um pouco irritados no trabalho" (*Globe and Mail*, 23 de agosto de 1999).

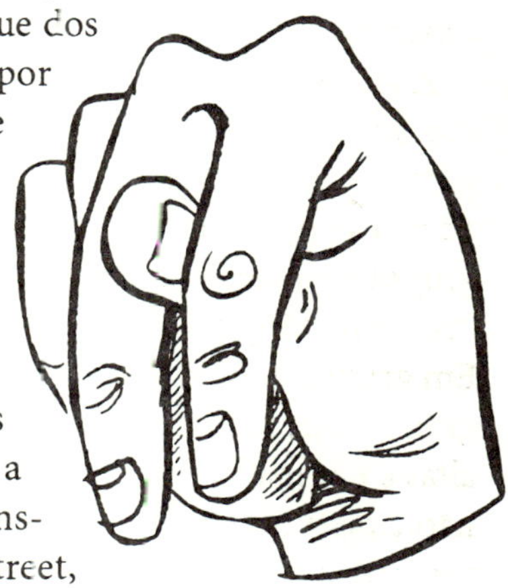

Nos grupos de chimpanzés, o topo hierárquico pertence ao macho dominante. Os outros machos o respeitam e ele tem a preferência das fêmeas. Nas instituições financeiras de Wall Street, seu equivalente é afetuosamente conhecido como o "*The Big Swinging Dick*" (O grande pênis oscilante). (O grande macho dominante nos Estados Unidos é o presidente. O sinal da linguagem dos surdos para "presidente" é o dedo polegar projetando-se através de dois dedos – um pênis oscilante bem grande, se ampliado.)

Abaixo do Grande Pênis Oscilante, a ordem hierárquica segue até a base. O que se encontra na parte mais inferior precisa ser agradável com todo mundo – ele é o cara bonzinho.

Os últimos caras não acabam bonzinhos

(Stanley Kelley, professor em Princenton, 1976)

Quando o *Homo habilis* tinha uma desavença qualquer, o perdedor podia descontar a raiva numa árvore, numa rocha ou numa cabra que estivesse passando por perto. A vida no escritório é um pouco mais reprimida. Se você descontar nos móveis do escritório, receberá a conta do conserto; portanto, nosso perdedor precisa manter a raiva contida, e esse é o problema.

O sr. Bonzinho não está se sentindo muito bonzinho hoje. Ele acabou de sair de uma sessão de reclamações com o chefe do departamento. Foi uma "experiência dolorosa", mas ele não está machucado. O chefe "esfregou a cara dele no chão", porém ele permaneceu sentado durante todo o tempo. As "penas estavam voando", mas nenhuma pena realmente voou. Na verdade, o chefe sorriu no transcorrer de toda a conversa. Um pouco demais, talvez.

Embora os gestos tenham sido abafados, o centro do medo do sr. Bonzinho, a amígdala, estava em plena cheia. Ela reconheceu os sinais de 10 mil anos atrás. O chefe não era um coelhinho feliz, mas, como este é o século XXI, ele não arrebentou a cabeça do sr. Bonzinho no armário de arquivos – simplesmente questionou as especificações do projeto dele. Em vez de atirar os vasos de plantas, o chefe pediu esclarecimentos sobre os gastos que estavam além do orçamento. Em vez de pular em cima da mesa, rugindo e batendo no peito quando o sr. Bonzinho saiu, o chefe limitou-se a mencionar que usar sapatos marrons com calça preta não era exatamente como deve ser.

Mas o efeito foi o mesmo, e as reações do sr. Bonzinho, imutáveis desde a época paleolítica, foram as mesmas: sua amígdala fez o sistema endócrino secretar os hormônios do estresse, como a adrenalina, que fizeram com que o sangue fluísse da pele na direção do coração e dos músculos, interrompendo a digestão, aumentando o batimento cardíaco, focalizando os mecanismos de atenção e preparando-o de maneira geral para se esgueirar de armários voadores. Portanto, enquanto o sr. Bonzinho ficava ali, escutando o chefe, estava visivelmente pálido, com o coração disparado, os olhos arregalados e as pupilas dilatadas. Ao mesmo tempo, comportava-se de maneira que até mesmo um rato conseguiria reconhecer: cabeça baixa, movimentos lentos e contidos, falando pouco, evitando todo e qualquer contato visual.

Se isso acontecer com demasiada freqüência, os efeitos dos hormônios no organismo do sr. Bonzinho serão duradouros. Se ele continuar sujeito a situações estressantes, seu alimento não será adequadamente digerido – suas artérias ficarão entupidas de gordura, ele vai sofrer de pressão alta, com risco de ataque cardíaco, e seu elevado nível de açúcar poderá desencadear o diabetes. Ele pode desenvolver alergias relacionadas à ansiedade, perder o sono, demonstrar um comportamento errático e agressivo com a família. Seu cérebro mudará de formato; seu hipocampo ficará atrofiado. Ele vai morrer jovem. Portanto, ou o sr. Bonzinho fica mau, ou terá um péssimo fim.

Ou então ele sai da empresa, o que seria uma pena, porque o sr. Bonzinho é tão essencial para o sucesso daquele time quanto o Grande Pênis Oscilante. Alguém precisa estar na base da pilha. O chefe deveria perceber isso e cuidar bem do sr. Bonzinho. Se ele sair, então a batalha para decidir quem será seu sucessor na base irá começar. Sempre que há alguma mudança de pessoal, as rivalidades são reacendidas e a luta recomeça. Isso é ruim para o sistema endócrino de todo mundo.

Nem todas as empresas são campos de batalha. Não devemos nos esquecer que, em muitas organizações, a ordem hierárquica é estável, os níveis de testosterona são baixos, a atmosfera é tranqüila. Em grande parte, isso se deve a outro sr. Bonzinho aceitando seu papel de peixe pequeno num lago bastante agradável.

Todo Beatles precisa do seu Ringo

A Lei de Ringo recebe este nome em homenagem a Ringo Starr, o Beatle bonzinho. Ringo era um "cara legal", mas não era assim tão útil, nem bonito. E não sabia cantar. Nem mesmo era um bom baterista. Muitos fãs dos Beatles sempre se perguntaram por que o grupo não se livrou dele e encontrou um baterista realmente bom, pois havia muitos. E daí se Ringo tivesse sido substituído por um cara realmente "da pesada", que compusesse e cantasse, dançasse como Nureyev e ainda tivesse doutorado em Economia? Este substituto teria lutado por um lugar mais elevado na ordem hierárquica e os Beatles teriam se separado no período de um ano. Ringo era o cara legal por essência, preenchendo alegremente o quarto lugar dos Quatro Fabulosos.

Isso pode ser comprovado por uma historinha rural. Um grupo de amigos tinha quatro galinhas, com uma ordem hierárquica claramente definida: a Betty Gorda no posto mais alto, Gurgle no mais baixo. Juntas, as duas punham apenas três ovos por dia, e Gurgle era a mais relapsa. Ela foi substituída por uma bela, jovem e vistosa galinha, conhecida por ser boa poedeira. Mal chegou, a galinha vistosa imediatamente empreendeu uma luta para subir na ordem hierárquica. O resultado: dois ovos por dia.

ADMINISTRAÇÃO E A LEI DE MURPHY

O gerente médio moderno tem a tarefa de se certificar de que seu departamento esteja feliz e em harmonia com a empresa – se você preferir, ele precisa definir qual é o quebra-cabeça que todos estão montando. No entanto, manter todo o departamento estável num mar de mudanças é uma tarefa ingrata. Retornando à selva, as tribos de chimpanzés se mantêm razoavelmente estáveis. Todos se conhecem desde o dia em que nascem. São amigos e parentes. A ordem hierárquica na família é harmonizada. O mesmo não acontece no mundo industrial moderno. As corporações se expandem e contratam, e, com a formação de novas tribos, os departamentos explodem em existência, estabelecem suas ordens hierárquicas e depois desaparecem outra vez. Novas empresas surgem das brumas, associam-se com outras e se desassociam. Novos conglomerados se conglomeram, depois "desconglomeram". A cada novo escritório ou fábrica, novas equipes precisam ser contratadas e começam do nada. Completos estranhos precisam estabelecer ordens hierárquicas, que não são necessariamente aquelas impostas pela diretoria.

Num ambiente tão ambíguo, as Leis de Murphy proliferam.

> Numa hierarquia, todo empregado tende a elevar seu nível de incompetência
>
> (Laurence J. Peter, 1919-1988, educador e escritor norte-americano; *The Peter Principle*, 1969)

O Princípio de Peter (*Peter Principle*) é maravilhosamente fácil de ser entendido: um gerente faz um bom trabalho e, portanto, é promovido. Ele vai subindo, subindo, até ser promovido a uma função que não consegue executar. O diretor sênior percebe que ele não está se saindo tão bem, e não o promove mais. Isso assegura que, no final, todo cargo de responsabilidade seja ocupado por alguém que não sabe administrá-lo.

> Quando em dúvida, murmure; quando em dificuldade, delegue; quando no comando, pondere
>
> (James Boren, burocrata do governo norte-americano e fundador do Apathy Party [Partido da Apatia])

Este é o lema do gerente médio. Constantemente apanhado no fogo cruzado, seu único desejo é sobreviver. A diretoria quer que ele seja decidido e determinado, mas também moderado e flexível; defensor obstinado da disciplina, mas, ao mesmo tempo, tranqüilo e afável; que corte gastos e acelere a produção, mas que mantenha a qualidade mais elevada do que nunca. As pessoas abaixo do gerente médio querem apenas alguém que saiba o que está fazendo. Uma pesquisa realizada na África do Sul sobre as qualidades mais admiradas nos gerentes médios demonstrou que os gerentes das linhas de montagem respeitavam o know-how técnico, enquanto os diretores favoreciam a habilidade de lidar com pessoas.[10] O que quer que faça, você está condenado. "Enrolar" e murmurar são praticamente as únicas maneiras de escapar.

O bote salva-vidas para o gerente à deriva é a cultura corporativa.

> Qualquer pessoa pode tomar uma decisão se conhecer suficientemente os fatos; um bom administrador pode tomar uma decisão sem fatos suficientes; um administrador perfeito pode tomar uma decisão em completa ignorância
>
> (A Lei dos Dados de Spencer, de *A Lei de Murphy*, Arthur Bloch, Record, 1982)

O administrador perfeito é capaz de tomar decisões em completa ignorância porque entende instintivamente a cultura da empresa. Os fatos só irão atrapalhar. Ele faz tudo de acordo com as regras.

Suas ações irão sustentar o *status quo* até bem depois que o *quo* perder seu *status.* Suas decisões serão elegantes, simétricas, jamais maculadas pela feia realidade. Ele receberá os louvores de seus mestres e a adoração de seus subordinados. Ele conduzirá a empresa para o buraco.

J. K. Galbraith, em *The Age of Uncertainty* (A era da incerteza), descreveu em termos similares o declínio do exército britânico nos anos que antecederam a Primeira Guerra Mundial. Os terríveis disparates provocados por aquela grande insensatez não eram devidos aos soldados, considerados "leões guiados por macacos", mas sim causados por décadas de deterioração entre os oficiais. Em tempos de relativa paz, no final do século XIX, a maneira de se obterem promoções no exército do Império Britânico não era pela capacidade militar, mas por se expressar o grau correto de orgulho nacional. Generais capazes e críticos quanto a política externa britânica não progrediam, enquanto aqueles que elogiavam a cultura imperial chegavam ao topo, por pior que fossem em suas funções. Além disso, um general incompetente se certificaria de promover oficiais subordinados que não se destacassem; em outras palavras, escolhiam subordinados que fossem mais incompetentes do que ele próprio. Estes, por sua vez, agiam de maneira semelhante ao nomear seus subordinados. Dessa forma, a incompetência floresceu desde as fileiras até os escalões mais altos. Tal inépcia permaneceu despercebida até que subitamente tiveram de tomar decisões militares sérias, quando a guerra com a Alemanha teve início. Mas, então, já era tarde demais para os soldados rasos nas trincheiras.

Em toda empresa haverá ao menos uma
pessoa que sabe o que está acontecendo.
Esta pessoa precisa ser despedida.

(Lei de Conway, citada por Arthur Bloch em
A Lei de Murphy, Record, 1982)

O TERRITÓRIO E A LEI DE MURPHY

Os primeiros seres humanos tinham territórios bem definidos. Nenhuma tribo rival se aproximava da outra sem esperar conflitos nas fronteiras. Atualmente, enquanto o homem pós-paleolítico perambula pela selva de concreto, sente-se muito confuso a respeito da tribo à qual pertence, e onde estão as fronteiras. Os seres humanos não evoluíram com velocidade suficiente para lidar com este admirável mundo novo.

Um exemplo dado em *The Meaning of Liff* (O significado de *liff*), de Douglas Adams e John Lloyd, descreve os encontros nos corredores. Os corredores são uma invenção recente. Passar ao lado de alguém envolve uma abordagem direta, que o homem paleolítico considerava ameaçadora. Ultrapassar uma pessoa significa invadir seu espaço particular, o que o homem paleolítico considera provocação. E esta pessoa é amiga ou uma estranha? O homem paleolítico jamais a deixaria penetrar em seu território sem uma luta. Adams e Lloyd descrevem uma estranha forma de etiqueta que evoluiu nos corredores das empresas.

- *Corriearklet** (s.): O momento no qual duas pessoas, aproximando-se de extremidades opostas de um longo corredor, se reconhecem mutuamente e, imediatamente, fingem que não se reconheceram. Isso é para evitar o penoso constrangimento de continuarem se reconhecendo por toda a extensão do corredor.
- *Corriedoo* (s.): O momento crucial do falso reconhecimento no encontro em um longo corredor. Embora as duas pessoas estejam perfeitamente cientes de que a outra está se aproximando, precisam fingir um súbito reconhecimento no momento certo. Elas agora olham para cima com um sorriso cristalino, como se tivessem visto a outra pela pri-

*Os vocábulos foram mantidos na língua original, já que foram extraídos de um "dicionário", conforme os autores definem o livro. (*N. do E.*)

meira vez (e ficam particularmente encantadas com isso), exclamando "Ooolláää!", como se quisessem dizer "Meu Deus! Você por aqui!!! Aqui!!! Ora, eu nunca poderia imaginar... Quase me matou de susto!!!"

- *Corrievorrie* (s.): A etiqueta do corredor exige que, uma vez que um *corriedoo* foi declarado, o *corrievorrie* deve ser empregado. Os dois protagonistas agora precisam ornamentar sua abordagem com uma constrangedora combinação de acenos, sorrisos, caretas idiotas, imitações de pirata e meneios da cabeça de um lado para outro enquanto sustentam o olhar da outra pessoa, até que o sorriso desapareça de suas expressões e que, com um grande alívio, elas passem ao lado uma da outra.
- *Corriecravie* (s.): Para evitar os horrores do *corrievorrie*, geralmente o *corriecravie* é empregado. Este é o processo covarde, porém altamente habilidoso, no qual os dois protagonistas continuam se aproximando enquanto continuam fingindo que não repararam um no outro – isso pode ser feito mantendo os olhos fixos nos próprios pés, franzindo a testa para uma folha de papel ou analisando cuidadosamente as paredes, demonstrando profunda irritação.
- *Corriemoillie* (s.): A aterrorizante sensação, num encontro em um longo corredor, quando os dois protagonistas imediatamente se dão conta de que se atraram cedo demais para o *corriedoo*, e que ainda estão separados por uns bons cinco metros de distância. Eles ficaram envergonhados pelo fingimento do *corriecravie* e decidiram fazer uso do *corriedoo* porque se sentiram tolos. Isso é um erro, pois o *corrievorie* fará com que pareçam ainda mais idiotas.
- *Corriemuchloch* (s.): Palavra que descreve o tipo de pessoa que consegue transformar numa confusão total a simples atividade de andar por um corredor.

Muitos processos jurídicos já foram iniciados por vizinhos furiosos, dispostos a chegar à falência com os honorários de advogados apenas para contestar minúsculas mudanças nos limites das cercas. Em 2003, George Wilson foi alvejado por um tiro na porta de sua casa, por seu vizinho do lado. O motivo foi uma briga por causa de uma cerca viva que percorria a frente de seus jardins. O instinto territorial chegou intacto desde os nossos ancestrais chimpanzés. No que se refere a este aspecto da evolução, ainda não saímos da floresta.

A pilha do outro é uma bagunça; a sua é trabalho em progresso

Mesmo a nossa casa está repleta de limites imprecisos. Eles não são simples; geralmente, as casas não são divididas como nos desenhos animados, com uma linha pintada no meio, de forma que ele utiliza a parte direita da lareira, a mesa e o sofá, assiste ao lado direito da tevê etc., enquanto ela fica com o lado esquerdo, num sentido bastante real. Porém, existe uma linha invisível, um limite virtual, em torno do que ele considera seu domínio feudal e em volta do que ela não suportaria que mexessem. A cozinha dela, o escritório dele, o canteiro dela, o aquário dele, o cantinho dela, a garagem dele. Ele

As fronteiras invisíveis da vida diária.

olha para o "depósito" de bugigangas e quinquilharias dela na mesa com total incompreensão; ela fica igualmente aturdida diante da pilha de besteiras que pertence a ele. Cada um pode ver a importância de sua própria pilha, e irá descartar a do parceiro.

As empresas possuem fronteiras igualmente confusas, tanto dentro como fora delas. O esforço que fazem para conquistar territórios que vão além de seus limites normais é legendário. As empresas levam as leis de patentes e direitos autorais até o limite, a fim de expandir seus territórios e se proteger contra invasões.

- A *Harrolds*, famosa loja de departamentos londrina, enviou uma equipe de advogados até o outro lado do mundo para processar um certo sr. Harrold, na Nova Zelândia, que acabara de abrir um armazém geral chamado, como não seria de surpreender, de *Harrold's*.

- Mike Rowe estabeleceu uma empresa de software para computadores chamada, por um breve período, de *Mike Rowe Soft*, até que as intimações começaram a chegar.

- Se você agitar seu braço de uma determinada maneira, poderá ser processado por Alan Shearer, que reservou os direitos autorais de seu gesto característico de comemorar os gols.

- Em Hollywood, o prédio usado pelos estúdios de Walt Disney para a produção de filmes tem a metade do tamanho do prédio destinado à proteção dos direitos autorais. Cada desenho de ratinho que aparece numa cena de animação é farejado para ver se deve ou não ser classificado como "nocivo".

Eis aqui um caso em que duas empresas reinvidicaram os direitos de uma fruta. Steve Jobs havia fundado a Apple Computer Inc. na Califórnia, em 1975, e sua companhia estava se expandindo rapidamente para o Oriente. Ao mesmo tempo, na Inglaterra, os Beatles investiam seus ganhos numa companhia de música chamada Apple Corps (o nome foi sugerido por John Lennon). À medida que cada empresa buscava a expansão no outro lado do Atlântico, começaram a se dar conta de que os nomes poderiam colidir. As pessoas talvez comprassem um computador esperando que ele tocasse música de *rock-and-roll*, eles pensaram, ou talvez escolhessem um disco imaginando que este poderia ajudá-las a fazer a contabilidade. Várias reuniões de comitês mais tarde, eles chegaram a um acordo: Steve Jobs prometeu não vender música se os Beatles prometessem não entrar no ramo de computadores. Os dois protagonistas seriam capazes de coexistir, como fariam bons *hippies*.

Na verdade, pouco tempo depois disso, Steve Jobs descobriu que queria usar sons como sinais de alarme, e um desses alarmes era um acorde. Seria o acorde legalmente considerado música? Vários comitês ponderaram. Mas Steve foi em frente e lançou o som. Este está por aí até hoje, e é chamado de "sosumi".* Os Beatles não o processaram.

O surgimento dos ipods e itunes mudou essa bonomia. Com a Apple agora seriamente envolvida no negócio de música, as duas feras o disputam com unhas e dentes.

* "So, sue me" significa "E daí? Processe-me." (*N. da T.*)

BARREIRAS DA LINGUAGEM

O uso de uma linguagem secreta, compreendida apenas por um pequeno círculo de amigos, cria um tipo de território sonoro. Somente aqueles dentro dos limites verbais são membros da tribo. Newton publicou o seu *Principia* em latim propositadamente, para impedir que a maioria das pessoas tivesse a mínima chance de criticar. O famoso cientista árabe do século XI, Geber, escrevia por meio de um código secreto por receio de perseguição. Os médicos atuais seguem o mesmo princípio, usando o latim para fazer com que doenças simples pareçam complexas. De certa forma, é até reconfortante dizer ao médico que você está com dor nas costas e vê-lo diagnosticar um lumbago ("lumbago", incidentalmente, é "dor nas costas" em latim).

As corporações usam um tipo de dialeto com o mesmo propósito. A obscuridade da linguagem inspira a humildade no ouvinte, que pensa que ainda tem muito a aprender. Como salientaram Leo Rosten e John Peers em *1001 Logistical Laws* (1.001 leis logísticas):

> A maioria das pessoas confunde complexidade com profundidade
>
> (Leo Rosten, 1908- , "*mensch* renascentista")

Seguem aqui algumas palavras compiladas entre as muitas centenas exibidas no *Buzzwhack*, o website dedicado a rastrear todas as novas palavras incompreensíveis, todas elas torturantemente próximas de se tornarem compreensíveis:

> Desambiguar, funcionalidade, concordantemente, *backsourcing*, glanuralidade, infos, *insourcing*, estrategismo, operacionalizar, estrategiação, *de-risk*, defenestração, *face time.*

O Instituto Freeman (http://www.freemaninstitute.com/bingo.htm; conteúdo em inglês) desenvolveu o Lingo Bingo* para mantê-lo acordado durante as reuniões. O vencedor é o primeiro que completar uma fileira ou coluna.

---

*Jargão. (*N. da T.*)

Sinergia	Estratégia	Competência central	Melhor prática	Revisita
Paradigma	Prazo final	Movido a resultados	Fora do círculo	Benchmark
24/7	Moleza	Plano de jogo	Foco no cliente	Mindset
Fast Trak	Vencer ou vender	Valor agregado	Empower(ment)	Nivelamento
Dar um tempo	Pense fora do quadrado	No fim das contas	Proativo	Base de conhecimento

Lingo Bingo: o primeiro a completar a fileira ou coluna é o vencedor.

OBEDIÊNCIA E A LEI DE MURPHY

Para cada pirâmide, existe apenas um topo. Aqueles no topo irão dizer para aqueles na base como são seus quebra-cabeças. E aqueles abaixo vão concordar, o que quer que estivessem pensando um minuto antes.

> Os humildes poderão herdar a Terra,
> mas não o direito aos seus minerais
>
> (O ziliardário J. Paul Getty, 1892-1976, maior magnata do petróleo dos Estados Unidos – isso é algo que ele diria, não é?)

Se os humildes pretendem herdar alguma coisa, devem preparar-se para lutar em defesa de sua humildade. Mas lutar é algo que eles não irão fazer. Eles conhecem seus lugares. Eles vão fazer o que lhes mandarem.

Stanley Milgram deu uma surpreendente demonstração de obediência, em 1963, numa experiência que estendeu a ética da pesquisa psicológica aos seus limites.[11] Duplas de indivíduos foram solicitadas a ajudar com uma tarefa, a investigação sobre os efeitos do castigo na aprendizagem. Uma pessoa era escolhida ao acaso para ser o professor, e a outra o aprendiz. O aprendiz era levado para uma sala anexa e amarrado a um aparelho que desferia um choque elétrico em seu braço. O professor o observava através de uma janela envidraçada. Na frente dele havia um botão,

J. Paul Getty.

com o qual ele iria administrar o choque, e um dispositivo para aumentar a voltagem. O dispositivo marcava de 15 a 450 volts e, ao lado, havia as descrições verbais que iam desde "choque leve" até "choque intenso" e "perigo: choque grave". O último espaço estava marcado apenas com "XXX". O aprendiz tinha de escolher algumas cartas. Se ele errasse, o pesquisador instruiu, o professor teria de aplicar um choque, e cada choque teria de ser 15 volts mais forte do que o anterior.

E assim começou a experiência. O professor administrava um choque depois do outro, sempre girando o dispositivo para cima, a um cada vez mais agonizante aprendiz. O que o professor não sabia era que o "aprendiz" era, na verdade, um ator. Tudo aquilo era uma farsa. Ele não estava recebendo choque algum, mas sim fingindo a reação sempre que uma luz escondida num canto se acendia. O professor, sem saber disso, continuava elevando a voltagem, até que o aprendiz pareceu desmaiar com a violência do choque. Quando o pesquisador disse a um dos professores que aumentasse a voltagem e desse o choque outra vez, ele obedeceu. Todos os professores continuaram a administrar os choques até 315 volts, quando então os aprendizes gritavam para que parassem. Dois terços deles chegaram até a última marca, "XXX". Em quase todos os casos, os professores demonstraram grande angústia, atacaram verbalmente a experiência, tremeram e transpiraram. Mas, ainda assim, obedeceram. A autoridade conferida pelo jaleco branco do pesquisador nunca havia sido revelada num grau assim.

Os dedos que se esticam levam marteladas

Até onde você e eu chegaríamos para assegurar que todos permaneçam em seus lugares? Quem irá martelar os dedos que se esticam? Talvez todos nós sejamos capazes desse trabalho, por mais que pensemos o contrário. Em 1973, Zimbardo e outros psicólogos montaram a simulação de uma prisão a fim de descobrir a resposta.[12] Vinte e quatro voluntários, provenientes de todos os lugares dos Estados Unidos e selecionados por sua estabilidade emocional, saúde razoável e personalidade mediana, foram divididos ao acaso entre "prisioneiros" e "guardas", num estudo de duas semanas sobre a vida na prisão. Os prisioneiros foram preparados da mesma maneira que acontece nas prisões verdadeiras, foram revistados nus, desinfetados e obrigados a vestir as roupas da prisão. (Foram liberados de raspar os cabelos, mas usavam meias de nylon nas cabeças.)

Os 12 prisioneiros foram levados às celas e aos guardas que os esperavam e, imediatamente, os abusos começaram. Os guardas, hesitantes de início mas com um entusiasmo crescente, começaram a humilhar sistematicamente os prisioneiros. Os castigos logo se tornaram tão freqüentes e imaginativos que a experiência, embora programada para durar 15 dias, foi abandonada em seis. Mais tarde, muitos dos guardas descreveram o prazer que sentiram ao exercer o poder sobre outras pessoas. Muitas vezes, ficavam surpresos com a própria crueldade. Embora no princípio estivessem todos atuando para os pesquisadores, adotando os papéis baseados naquilo que achavam que fosse uma prisão, o problema começou quando passaram a agir de maneira real, quando o homem paleolítico neles mostrou a sua face.

> Quando uma pessoa fala uma tolice, ela é tola.
> Quando cinco pessoas dizem uma tolice,
> elas são cinco vezes tolas. Quando 5 mil pessoas
> dizem uma tolice, você é tolo

É difícil ser a única pessoa a estar no passo certo, como disse a sra. Thatcher durante muitos anos.

Em várias experiências realizadas durante os anos 1950, Solomon Asch descobriu o quanto isso é difícil.[13] Numa delas, um voluntário foi informado de que seria um dos 11 voluntários que deveriam fazer uma série de julgamentos sobre qual das três linhas de comparação tinha o mesmo comprimento que a linha padrão. O voluntário foi colocado numa sala com outras dez pessoas que ele achava que fossem

Experimento de Arch: 11 voluntários precisavam escolher a linha correta, mas dez eram atores.

outros participantes, mas que, na verdade, eram atores. O indivíduo analisado foi posicionado no final da fileira de juízes, de forma que todos os outros davam seus votos antes dele. No início, todos eles concordaram, mas, depois de receberem um sinal secreto, os dez atores optaram pela resposta errada. Quando chegou a vez do número 11, ele hesitou, olhou novamente e votou da mesma maneira que os demais. O voto manipulado aconteceu 12 vezes no teste. Dos 50 voluntários testados, três quartos votaram pelo menos uma vez contra o que achavam correto. Um deles fez isso 11 vezes, num total de 12. Você pode imaginar como ele se sairia bem na corporação que escolhesse.

Num sistema hierárquico, o valor do pagamento varia inversamente à chatice da tarefa

(Primeira Lei da Socioeconomia, Arthur Bloch, *A Lei de Murphy*, Record, 1982)

Uma assombrosa descoberta "múrfica", com uma boa procedência científica. A teoria de Festinger sobre a **dissonância cognitiva,** de 1957, explica que, se uma pessoa se encontra pensando em duas coisas contraditórias, ela nada irá fazer para reduzir a "dissonância" criada. Isso inclui, se necessário, modificar um pouco seu sistema de crenças. Numa conhecida experiência, algumas tarefas extremamente monótonas e repetitivas foram entregues a um grupo de universitários, que depois receberam pagamentos que variavam entre 1 ou 20 dólares.[14]

Quem relatou a maior satisfação com o trabalho? Você poderia pensar que aqueles que receberam mais seriam os mais felizes, porém os resultados foram exatamente o contrário: aqueles que receberam 1 dólar expressaram uma satisfação com o trabalho maior do que os que receberam 20 dólares. Isso é contra-intuitivo.

A dissonância cognitiva, entretanto, desenterra a verdade. Os pobres estudantes que descobriram ter perdido uma tarde inteira para ganhar apenas 1 dólar não se permitiriam acreditar que tivessem sido tapeados. Inconscientemente, eles aumentaram o valor do trabalho que tinham realizado, para que pudessem se sentir bem consigo mesmos.

Se todos somos tão condescendentes, o que isso significa para a complexa tarefa de se escolherem os líderes das nações? Como funciona a democracia? Churchill disse que a democracia era a "pior forma de governo, exceto por todas as outras". Na verdade, tudo é muito direto e franco:

> A democracia consiste em escolher seus
> ditadores depois que eles lhe disseram
> o que você achava que queria ouvir
>
> (Alan Coren, 1939- , escritor e satirista britânico)

Alan Coren tenta descrever aqui as forças que levam à escolha de voto de eleitores. A psicologia dos eleitores, na verdade, é muito simples. Assustadoramente simples, de acordo com Josef Sznajd e Katarzina Sznajd-Weron, da Academia Polonesa de Ciências, em Varsóvia: as pessoas votam como os seus vizinhos. O modelo de votação de Sznajd é baseado na idéia de que, pelo menos em determinados aspectos, a sociedade humana irá se comportar como uma barra de ímã.[15]

Cada átomo de ferro num ímã é em si mesmo como um ímã diminuto, com um pólo norte e um pólo sul. Quando o ferro é aquecido, os átomos se sacodem, orbitam e saltam em todas as direções. Quando o ferro esfria, eles tendem a se acomodar da maneira mais fácil, com os pólos norte e sul em alinhamento. Isso não é universal: pedaços inteiros acabarão ficando numa determinada direção, enquanto outros ficarão em outro sentido, com uma área de caos nas margens. A maneira como qualquer um dos átomos termina será intensamente influenciada pelo que seus vizinhos fazem. Quando este modelo é estabelecido contra os padrões de voto, a combinação é fantástica. As pessoas têm a tendência de votar da mesma maneira que seus vizinhos. É simples assim. (As áreas de caos no ímã se tornam "estados oscilantes" ou "distritos marginais" na eleição.) Como qualquer pessoa que tentou manter um ponto de vista político divergente das opiniões opostas sabe, isso é real.

Claro que existem vozes dissonantes. Como disse George Burns:

> É uma pena que todos aqueles que sabem
> como governar o país estejam ocupados demais
> dirigindo táxi ou cortando cabelos
>
> (George Burns, 1896-1996, comediante norte-americano)

Aqueles que sabem como tudo isso é louco escolhem ocupações em que podem enlouquecer do seu próprio jeito, como cortar cabelos ou dirigir táxi. Estes pequenos ímãs sempre irão apontar para o lado errado. Abençoados sejam!

O comentário de John Lennon ressoa para aqueles que, de vez em quando, tentam apontar para um lado ligeiramente diferente:

> A vida é o que acontece enquanto você
> está fazendo outros planos
>
> (John Lennon, 1940-1980, Beatle)

CIVILIZAÇÃO E A LEI DE MURPHY

Podemos nos perguntar o quanto os macacos, com seus neurônios-espelho, são capazes de aprender uns com os outros, e por que apenas um ramo da família seguiu em frente para se transformar em nós, com nossas habilidades muito especiais. Porém, não há dúvida de que a linguagem desempenhou um papel crucial. A invenção da linguagem é uma das maiores rupturas do *Homo sapiens*. Talvez seja **a** grande ruptura, pois este meme pode ser usado para transmitir outros memes. É o meme dos memes.

Um macaco que quer ensinar a outro macaco como tirar a areia das batatas não consegue falar sobre isso. Ele precisa de areia, de batatas e água. Não consegue lidar com uma batata imaginária, nem com a areia imaginária. Nós, humanos, podemos usar a linguagem para discutir o problema todo de maneira abstrata e encontrar a solução pelo telefone, conectados com o outro lado do planeta. Podemos ler num livro como o problema foi resolvido há três mil anos. Quando acabarmos de separar as batatas, podemos usar a

nossa habilidade de linguagem para um debate abstrato a respeito de política, filosofia, o sentido da existência, e encerrar a noite solucionando o último teorema de Fermat. Talvez os macacos tenham feito mais coisas durante o dia, mas nós nos divertimos mais.

Nós usamos o meme da linguagem para partilhar nossa cultura através da mídia, tais como os jornais. Portanto, procure o nome de Murphy nas entrelinhas.

> Tudo o que você lê no jornal é verdade,
> com exceção daquela única reportagem que,
> por acaso, você soube em primeira mão
>
> (Erwin Knoll, 1931-1994, editor norte-americano da revista *The Progressive*)

A irônica surpresa de Erwin Knoll é compartilhada pela opinião de A. J. Liebling:

> Pessoas de todas as partes confundem
> o que lêem nos jornais com notícias
>
> (A. J. Liebling, 1904-1963, jornalista norte-americano do *New Yorker*, 1956)

Seria muito melhor pensar nos jornais como transmissores de memes, em vez de divulgadores de verdades. Eles escutam o que você deseja que lhe contem, e depois lhe contam. Isso garante as vendas. Qualquer jornal que não se adapte mais ou menos à cultura da nação está se arriscando a graves quedas na circulação, como descobriu o *Daily Mirror* quando a sua aberta oposição à invasão do Iraque, em 2003, levou a um colapso imediato nas vendas. O jornal rapidamente reverteu seus princípios morais a fim de abocanhar de volta alguns de seus leitores.

> Uma mentira simples é melhor
> do que uma verdade complicada
>
> (Saki, 1870-1916, pseudônimo de Hector Hugh Munro, escritor britânico)

A ortodoxia é esplendidamente simples. A realidade é bastante desarmoniosa. A ortodoxia prefere as declarações grandiosas, varrendo para longe as pequenas inconsistências, a fim de navegar majestosamente na direção da grande falácia.

> Os homens, às vezes, tropeçam na verdade,
> mas a maioria se levanta e segue em frente,
> como se nada tivesse acontecido
>
> (Winston Churchill, 1874-1965, primeiro-ministro britânico)

Em meio à confusão e à retórica, já não se sabe mais ao certo para onde foi a verdade. Talvez possamos encontrá-la entre os cientistas sérios e bem preparados, que usam tranqüilizadores jalecos brancos e lidam com as idéias puras, empíricas e comprováveis. O problema é que muitos cientistas têm uma certa dificuldade com as simples verdades: não acreditam que elas existam. Eles sabem que já estivemos errados muitas vezes, desde as antigas ortodoxias que colocavam a Terra como o centro do universo, até o recente entusiasmo pela fusão a frio. Portanto, os cientistas tendem a apostar dos dois lados ao ponto do fetichismo. Por exemplo, enquanto os grupos políticos radicais que se opõem a alimentos geneticamente modificados proclamam "alimentos transgênicos irão causar deformidades nos bebês e o fim da civilização", um cientista militante soará mais como: "O atual estado das evidências nos estudos minuciosamente revistos tendem a apoiar a hipótese de que, no equilíbrio...". Mas quem está dando ouvidos a eles?

Uma coisa é certa: o cientista hesitante não irá escrever os livros de História. Esta tarefa é importante demais para ser deixada nas mãos daqueles que procuram a verdade.

A história é a versão de eventos passados com a qual as pessoas decidiram concordar

(Napoleão Bonaparte, 1769-1821, imperador francês)

A observação de Napoleão talvez seja um tanto modesta. As "pessoas" a quem ele se refere eram ele mesmo e seus camaradas. Não é de surpreender que as "pessoas" decidiram concordar com a idéia de que ele foi o salvador da humanidade e o retrataram na mídia da sua época (pinturas e gravuras) como um herói semelhante aos grandes imperadores romanos. Trajando o púrpura imperial, coroado com os louros dos vitoriosos e cavalgando um cavalo fantástico. Essencialmente esta foi a história "dele".

Em grande parte, a história é a propaganda do lado vencedor. Tome como exemplo o monte de esterco jogado sobre Ricardo III, o deformado corcunda interpretado com tanto entusiasmo pelos atores shakespearianos por mais de 400 anos. Ricardo III não era corcunda. Esta foi uma brilhante invenção de Thomas More, um jovem ambicioso sque recebeu a tarefa de escrever um livro de história para Henrique VIII. O pai de Henrique, Henrique VII, foi derrotado e morto por Ricardo, e Henrique VIII queria legitimar sua pretensão ao trono. Quando More viu um retrato de Ricardo III, que compreensivelmente poderia ser interpretado de forma a sugerir que Ricardo tinha má postura, soube exatamente o que fazer. Sua história descrevia Ricardo como um homem deformado de corpo e de alma. E foi isso que chegou até nós como verdade irrefutável.

Até o final do século XX, os livros de História britânicos relatavam a instauração da "civilização" na Índia, na África do Sul e no Extremo Oriente, sempre enfatizando que a conquista do exército fora um gesto puramente filantrópico e que o Raj era uma gigantesca caridade. Mas é claro que todo mundo faz isso. Os livros de História japoneses foram revistos, em 2001, a fim de minimizar suas invasões da Coréia e da China no século XX. Nesse exato momento, Hollywood está atarefada reescrevendo a história do planeta inteiro. Atualmente, todos os lugares, desde Tróia até o Titanic, são um pouco parecidos com a Califórnia.

A história da história é aquela que todos aceitam. Mas, como salienta Murphy,

> Aquilo que é aceito por todos provavelmente é falso
>
> (Paul Valery, 1871-1945, crítico e poeta francês; *Tel Quel*, 1943)

Qualquer sistema de crença amplamente aceito será convenientemente fácil de digerir. Mas a verdade jamais é assim tão simples. Compreensivelmente, muitas pessoas com uma mentalidade um pouco mais sutil divergirão de toda a base da cultura que nos rodeia; religiosos num Estado secular, católicos num Estado protestante, um Shia em meio aos Sunni. Seria ótimo se nada disso tivesse importância. A cultura nacional poderia incluir toda a gama de crenças espirituais, desde aqueles que acreditam que somos uma colagem acidental de moléculas agarrando-se a um pedaço de rocha que flutua através de uma quantidade infinita de absolutamente nada, até aqueles que crêem que o universo foi criado, como um presente para nós, por um bom velhinho sentado numa nuvem seis mil anos atrás. A despeito de tudo o que vemos na mídia, muitas nações realmente aceitam uma grande amplitude de crenças, porém ainda existem demasiadas nações onde apenas um sistema de crença é tolerado.

> Eu amo a humanidade – são as pessoas que não consigo suportar

Linus, da HQ *Snoopy*, faz um resumo disso para todos nós por algum tempo, e para alguns de nós o tempo todo.

O conto de nossa "humanidade" precisa ser uma história concisa, com as pontas aparadas, para que deixe tudo bonito e bem organizado. Os reis e rainhas da história eram bons ou ruins, nunca "mais ou menos". A pessoa mais inteligente do mundo é eleita presidente, presidentes de corporações são honrados e generosos, policiais são honestos, juízes são imparciais.

Só não olhe muito de perto.

> Aqueles que respeitam a lei e gostam de lingüiça não deveriam ver como é feita qualquer uma das duas
>
> (Otto Von Bismarck, 1815-1898, estadista prússio-germânico)

RESUMO

Este capítulo iniciou com uma simples estrutura do cérebro: os neurônios-espelho. Tudo provém daí. Os neurônios-espelho criam os memes, que geram a nossa cultura, e nós dependemos de nossas normas culturais para nos informar como devemos pensar. De uma forma ou de outra, parece que a nossa tribo, clã, família, amigos, igreja ou estado nos deixam cercados.

Será que você gostaria de escapar? A Lei de Murphy já o encurralou:

> Você não pode vencer
>
> Você não pode empatar
>
> Você nem mesmo pode desistir do jogo
>
> (Allan Ginsberg, 1926-1997, poeta norte-americano)

Comentário de Freeman sobre o Teorema de Ginsberg

Todas as grandes filosofias que tentam fazer com que a vida pareça significativa se baseiam na negação de uma das partes do Teorema de Ginsberg.

- O capitalismo é baseado na pressuposição de que você pode vencer.
- O socialismo é baseado na pressuposição de que você pode empatar.
- O misticismo é baseado na pressuposição de que você pode abandonar o jogo.

Ou talvez não. Tomografias nos dão uma pista de que talvez possa haver uma saída.

O senso de satisfação interior, que os monges budistas afirmam experimentar e que cada funcionário operativo acredita ser um mito maior do que a fada dos dentes, parece ser genuíno. A fim de descobrir, Andrew Newberg, um radiologista da Universidade da Pensilvânia, realizou um exame cerebral num monge em meditação, usando tomografia computadorizada por emissão de fóton único (SPECT).[16] Por um lado, foi um empreendimento monumental. O que poderia ser menos propício à contemplação do que ser empurrado para o meio de um aparelho de detecção de fóton e ser solicitado a puxar um cordão, que injeta um rastreador radioativo no cérebro, no instante em que se alcança a elevação transcendental? Por outro lado, se há alguém capaz de fazer isso, trata-se de um monge budista.

E ele fez. Os resultados demonstram claramente a diferença na atividade do cérebro durante a meditação. O lobo pré-frontal esquerdo, associado à concentração e às emoções positivas, iluminou-se, e o córtex parietal, ligado à orientação e ao posicionamento, demonstrou redução de atividade. Portanto, na próxima vez em que você se deparar com o sorriso calmo de um indivíduo genuinamente centrado e feliz, resista à tentação de derrubá-lo com um soco, para que ele acesse sua miséria interior, pois ele é realmente desse jeito.

Quem ri vive mais.

7
O mundo virado de cabeça para baixo

Então, para resumir este livro até agora, é isso que acontece quando você lida com uma situação?...

1. Primeiro, você observa para ver exatamente que formatos, sons, cores e odores estão à sua frente.
2. Depois, você procura as lembranças para identificar o que estes formatos e sons devem representar.
3. Então, você conecta cada evento ou objeto a todos os outros, a fim de formar uma história coerente.
4. Em seguida, você forma uma emoção que seja adequada à cena; desenvolve uma sensação de medo, amor ou ódio em relação ao que vê.
5. Por último, encaixa tudo num contexto social, decide o que a sociedade consideraria ser a reação apropriada e se comporta de acordo.

Infelizmente, há vezes demais em que exatamente o oposto disso acontece. A trágica história que se segue jamais teria acontecido se o encadeamento psicológico dos eventos estivesse no rumo certo.

Na noite de 2 de setembro de 1999, Harry Stanley, um homem de 46 anos que morava em Hackney, foi morto com um tiro pela polícia na região oeste de Londres. Ele saíra de um *pub* e ia a pé para casa, carregando a perna de uma mesinha de centro numa sacola de plástico, quando um dos oficiais da equipe de especialistas em armas de fogo SO19, da Scotland Yard, disparou um tiro mortal. Foi por causa da perna da mesa de centro que ele morreu. E o motivo para isso só pode ser compreendido se olharmos de forma invertida o processo descrito.

1. Primeiro, o **contexto social** estava estabelecido. Ao mesmo tempo em que Harry Stanley saía do *pub*, a polícia recebeu uma ligação anônima afirmando que um irlandês que carregava uma arma estava seguindo naquela direção. O "trote" fez com que uma imagem fosse pintada na mente dos policiais. Hackney, afinal, era um lugar perigoso tarde da noite. Os irlandeses tinham a reputação, entre a polícia, de ser sempre os vilões (uma relíquia dos tempos amargos dos problemas na Irlanda do Norte).
2. Os policiais puderam facilmente formar uma gama de **emoções** para colorir esta imagem: medo – certamente o medo sentido em favor dos cidadãos inocentes que eles acreditavam estar correndo perigo, porém mais particularmente o medo pela própria vida. Também o sentimento de honra e dever de se colocar à frente da linha de fogo, a fim de proteger a sociedade. E uma crescente suspeita de todas as coisas que o irlandês talvez tivesse provavelmente acrescentou um tempero extra à mistura. (Na verdade, Harry era escocês.)
3. E, então, as **conexões** foram feitas. Antes de os policiais terem encontrado Harry, uma história coerente fora escrita: um terrorista irlandês estivera bebendo a noite inteira num *pub*, e agora havia saído às ruas carregando uma arma, que escondera num saco plástico. Ele precisava ser detido. (A verdadeira história não poderia ter sido mais diferente. Harry, pai de três filhos, estava se recuperando de uma recente cirurgia no estômago. Ele ia usar a perna da mesa para consertar sua mesinha de centro no dia seguinte. Não estava embriagado, não era irlandês, não estava interessado em política e, certamente, não era um assassino.)
4. Como as **lembranças** dos policiais lhes foram úteis quando se depararam com Harry? Eles o viram carregando um objeto longo e fino, escondido numa sacola. Suas lembranças do treinamento com armas lhes disseram que o formato indicava como quase certo ser um rifle com o cano serrado. Tudo se encaixava.
5. Harry ouviu alguém gritando para ele. Virou-se na direção do som, segurando a sacola com a perna de mesa. O que viu

o policial? No interrogatório, ele afirmou que achava que o "terrorista irlandês" estava se virando para atirar nele. Os movimentos de Harry depois da cirurgia deviam ter sido lentos e encurvados, o que seria uma prova a mais para a mente preparada dos policiais. Porém, nada havia que ele pudesse fazer para evitar ser atingido por aquele tiro. A história já havia sido escrita.

Depois do ocorrido, um dos policiais olhou dentro da sacola. "Precisei arregalar os olhos", ele disse na investigação. É claro. Ele estava tentando, com muito esforço, ver o que a sua mente o preparara para ver – uma arma, não uma perna de mesa. Se seus olhos continuassem a lhe mostrar a imagem errada, as conseqüências seriam terríveis. Provavelmente, ele piscou muito e esfregou os olhos.

No próximo capítulo, sobre a ciência, todas as Leis de Murphy têm explicações perfeitamente racionais. Mas isso não as impede de provar, muitas e muitas vezes, a lei das leis:

Tudo o que pode dar errado vai dar errado.

8
Ciência pura

Muitos anos atrás, quis escrever um livro no qual explicaria todas as Leis de Murphy, a ciência pura e empírica por trás das "pegadinhas" diárias. Depois de anos de pesquisas, descobri que, para explicar as Leis de Murphy, são necessários uma pitadinha de ciência concreta e um pacote cheio de psicologia. Ironicamente, a única Lei de Murphy que possui explicação rigidamente baseada na física é aquela quintessencialmente Murphy – o pão sempre cai com a manteiga virada para baixo por um motivo sólido, como você verá. Neste capítulo, você também é livre para aplicar tudo o que captou nos anteriores. O texto está tão repleto de "amígdala" e "potenciação no longo prazo" quanto de "moléculas" e "aerodinâmica".

Os casos relatados neste capítulo contêm explicações do tipo com que lida um currículo acadêmico de ciência, mas também fervem de indignação pelo fato de os objetos inanimados nos causarem tantos transtornos. Sinta-se à vontade para reconhecer o animismo, a ciência ingênua e o egocentrismo infantil em cada página. As Leis de Murphy são erguidas sobre estes três poderosos pilares.

Sua fila sempre anda mais devagar do que as outras

Duvido que exista alguém num supermercado, em qualquer lugar do mundo, que não acredite que está parado na fila errada. No entanto, a verdade é que sua fila não é sempre a mais lenta. Você descobriria isso com muita facilidade se ficasse trocando de filas aleatoriamente durante uns dois meses (com um cronômetro, é claro, e uma prancheta com um gráfico) e fizesse um traçado do tempo de sua fila em relação às outras; o resultado seria frustrante, sem graça e medíocre. Este é um dos motivos pelos quais as filas nos supermercados não estão cheias de pessoas com cronômetros e pranchetas. O outro motivo é que, na verdade, as pessoas vão ao supermercado para fazer compras.

Por que imaginamos que o oposto seja verdadeiro? Por que sentimos que nossa fila é a mais vagarosa? Para começar, vamos admitir, todas as filas são lentas. (Leia sobre a elasticidade do tempo na página 47.) Nós as detestamos. Sentimos coceira só de pensar numa fila. Nós nos lembramos de filas lentas em que já estivemos, porém não temos qualquer lembrança de filas rápidas (ou de filas lentas nas quais não estávamos). É uma estatística inútil, mas já sabemos que o cérebro não é grande coisa no que se refere à precisão. Quando nos aproximamos das caixas registradoras, nossa sombria previsão está pronta para ser apoiada pelos fatos (veja "O azar sempre vem de três em três", p. 194). Esperamos ser os mais lentos e, pronto, nós somos!

Como escolher uma fila? Esta é a pergunta na mente de todos que se aproximam da fileira de caixas. A pessoa adquire a postura de caçador, com os olhos disparando de um lado para outro, procurando o alvo mais fácil. Algumas irão focalizar a fila que está menor. Um erro: ela está menor porque há alguém na ponta que está tentando reviver a antiga arte da pechincha, e todos os que estavam atrás já se dispersaram. Algumas acorrerão às filas rápidas ("cinco itens ou menos"). Grande erro: os funcionários mais vagarosos são colocados nos caixas expressos. Outras escolhem as filas mais longas, pensando que deve haver um bom motivo para que estas sejam tão procuradas; um enorme erro, é óbvio.

Para o seu benefício, eis aqui a fórmula para uma trajetória confortável pelas filas. Os fatores são: o número de itens, a velocidade do funcionário, o número de integrantes da fila e o perfil psicológico deles.

Primeiro, avalie o perfil psicológico de cada integrante da fila, atribuindo notas de 1 a 10 com base em:

- Teimosia (o quanto é provável que a pessoa vá questionar o preço de alguma coisa).
- Esquecimento (probabilidade de se lembrar de mais um item no último minuto e sair correndo para buscá-lo).

- Inconfiabilidade (probabilidade de ter perdido a carteira no fundo da bolsa ou do bolso ou de tê-la deixado no carro?...).
- Amizade (probabilidade de ser uma grande amiga da família da funcionária no caixa Carey e ficar conversando com ela sobre a sua sobrinha durante horas).
- Idade.

Some as notas de todos os integrantes da fila (N).

Em segundo lugar, some o número total de itens em todos os seus carrinhos ou cestas (x).

Em terceiro lugar, o pagamento demora o mesmo tempo que escanear 30 itens, portanto some o número total de integrantes da fila (n) x 30 para obter (fator) o tempo de pagamento.

Por último, divida pela velocidade do funcionário, dada por sua idade (y).

A fórmula completa para cada fila é:

$(N + x + 30n)/y$

Faça este cálculo para todas as filas em todos os caixas, e depois comece tudo de novo, porque, agora, todas as filas já estão diferentes. Depois de completada a segunda vez, decida que isso não tem realmente nenhuma importância, entre na fila mais próxima e seja feliz.

Um guia ligeiramente mais tosco, porém com o mérito de ser prático, é somar quantos cestos cheios de itens há em cada fila (um carrinho cheio equivale a cinco cestos). Acrescente um cesto por pessoa por conta do tempo de pagamento. Junte-se à fila menor com esta estimativa.

Uma vez que estiver numa fila, não troque porque a outra parece ser mais rápida. A Lei de Murphy diz que, assim que você muda para uma fila mais rápida, ela pára de andar, enquanto aquela em que você estava antes simplesmente dispara.

A despeito de toda sua esperteza, sua fila provavelmente não será a mais rápida. Por outro lado, tampouco será a mais lenta; talvez fique na média. Uma chatice, mas é verdade.

As filas de trânsito são um caso especial: aqui, há explicação científica. Geralmente, as fileiras irão se mover adiante em turnos.

É claro que você está convencido de que as outras filas sejam mais rápidas do que a sua e de que você esteja ficando para trás. Mas, se prestar atenção a algum detalhe do veículo a seu lado, verá que, na verdade, ele permanece bem próximo de sua posição por todo o trajeto. Então, por que parece que ele vai mais depressa?

Enquanto você observa os carros próximos ao seu começarem a se mover para a frente, repare que a fileira de carros se estende conforme os espaços entre os veículos aumentam. Isso significa que uma fila de 20 carros aumenta à extensão de 40 quando se move. Certamente parecem ser 40 carros quando você passa por eles. Depois, a fila pára. Então, a sua própria fila começa a andar, mas você também pára após um breve período de tempo. Na verdade, você ultrapassou aqueles 20 carros, mas, porque eles agora estão parados todos juntos, foi um trajeto curto. Em sua mente, você está comparando a **extensão** da outra fileira com o **tempo** do seu trajeto, o que é uma comparação errada. (Conforme-se – os motoristas da outra fileira acham que você está indo mais depressa.)

Muitos lugares em que as filas atingem proporções epidêmicas, como, por exemplo, nos aeroportos, lutam para tranqüilizar seus passageiros. Pesquisas feitas por psicólogos demonstram que sua frustração aumenta quando você repara que as outras filas são mais ágeis do que a sua. Por isso, a administração se certifica de que as filas mais rápidas, como aquelas de passageiros em trânsito, fiquem escondidas atrás de divisórias construídas especialmente para este fim. Sua pequena fila também é mascarada, de forma que você não consegue ver, na sala ao lado, a fila gigantesca na qual irá entrar quando sair desta em que está agora.

Há muito tempo, os hospitais descobriram que os pacientes odeiam esperar numa sala cheia de centenas de pessoas que estão na frente deles na fila. Atualmente, você será chamado com relativa rapidez, enviado para o outro lado, uns dois corredores depois, e instalado em outra fila. Quando você chegar ao final desta fila, estará qualificado para entrar em outra, em outro corredor. Isso, dizem os administradores de hospitais, faz com que você se sinta melhor. Porém, não tão melhor a ponto de desistir de ver o médico.

Regra especial para se lidar com multidões tentando entrar por uma única porta (como no metrô ou no elevador na hora do *rush*)

Nesta situação, as regras sobre filas se desmontam (isto é, existe uma fila, mas todo mundo acredita que está na frente). As pesquisas demonstram que as multidões que estão ao lado da porta irão se mover mais depressa. Portanto, posicione-se nas laterais e você estará passando num instante. Ou, como alternativa, coloque-se atrás, bem no meio, e fique reclamando sobre as pessoas que estão passando pelas laterais.

MATEMÁTICA

Por que odiamos as aulas de Matemática? Não nascemos odiando Matemática. Viemos ao mundo preparados com o kit completo para trabalhar com números.

Uma engenhosa experiência demonstra que até mesmo bebês de duas semanas conseguem contar. Eles ficam olhando um brinquedo que é escondido atrás de uma cortina. Se a cortina é levantada e revela dois brinquedos em vez de um, eles registram surpresa. (Como o cientista sabe disso? Ele pôs uma chupeta na boca do bebê e a conectou a um aparelho de pressão para medir a freqüência com que o bebê suga a chupeta. A velocidade da sucção aumenta quando o bebê avista algum objeto inesperado – como dois brinquedos atrás da cortina, quando ele esperava ver apenas um.)

Os bebês também demonstram compreensão de tamanho e de proporção. A matemática elementar é inata. Mas a criança precisa ser treinada para ir além do elementar. Isso serviu para os nossos ancestrais hominídios nas savanas, e é ainda mais urgente na selva tecnológica de hoje. Este treinamento faltou para a maioria de nós, portanto somos vulneráveis à Lei de Murphy.

Em especial, nossa reação emocional é equivocada. Não gostamos da ciência concreta, nem da matemática fria, portanto lhes emprestamos alma e personalidade. Mas, para se entender plenamente a ciência, deveríamos subjugar a amígdala e concluir que o mundo inanimado é verdadeiramente inanimado. As seguintes observações revelam como nos tornamos vítimas quando entramos na Era do Plástico com a mentalidade da Idade da Pedra:

Existem apenas quatro números: 1, 2, 3 e um monte

Sim, o bebê consegue contar, mas não muito. À medida que ele cresce, torna-se capaz de reconhecer como são duas coisas, ou como são três coisas. Quatro coisas é bastante fácil de se ver, porém, acima disso, fica meio confuso. Quando ele encontra seis objetos, é incapaz de reconhecer instantaneamente "seis": precisa contá-los um por um. Existe alguma evidência de que, sem o apoio lingüístico do sistema numérico, os números maiores são difíceis ou impossíveis de serem contados com exatidão, mesmo para os adultos. Benjamin Lee Whorf desenvolveu a teoria de que, até certo ponto, nosso pensamento é ditado pela linguagem disponível. Se as palavras para "seis", e acima disso, não existirem em nosso vocabulário, então não conseguimos contar com exatidão de seis em diante. Os pesquisadores modernos estão desenvolvendo a teoria de que nascemos com dois sistemas centrais de contagem, que não dependem em nada da linguagem; um pequeno sistema numérico, para reconhecer imediatamente dois, três e talvez quatro objetos, e mais um sistema de grande número para julgar aproximações – qual dos dois conjuntos de objetos tem mais objetos. A exatidão de nossa contagem além desses limites, diz a teoria, é determinada pelo fato de dominarmos ou não as palavras.

Estudos com duas tribos da Amazônia sustentam esta teoria. A tribo Piraha tem palavras para um, dois, poucos e muitos. Só isso. Descobriu-se que a exatidão deles em combinar números de objetos cai dramaticamente se mais de três objetos forem usados. A tribo Munduruku, por outro lado, tem palavras para números que chegam até cinco. A exatidão na contagem diminui quando há mais de cinco objetos.[1]

Nós, naturalmente, temos muito mais palavras para os números, mas as Leis de Murphy indicam que nem sempre as usamos.

Quando olhamos para Mickey Mouse, nós não dizemos "espere um pouco, está faltando um dedo na mão dele!". Muitos personagens de desenhos animados têm apenas três dedos em cada mão, mas não reparamos. Quando compramos uma garrafa de vinho por 4,99 libras, não dizemos "são 4 libras e... puxa vida, são quase 5 libras!"; dizemos "são 4 libras e... alguma coisa" (veja p. 79).

É interessante notar que, em francês, a palavra para "três" (*trois*) é semelhante à palavra para "muitos" (*très*) e para "demais" (*trop*).

A ilusão da vassoura flutuante: quantos dedos há no pulso?

Apenas as outras pessoas ganham na loteria

Existem duas respostas para isso. A primeira é que, embora todos nós conheçamos alguém que conhece alguém cujo amigo ganhou na loteria esse ano, nós mesmos ainda estamos a quilômetros de distância de ganhar algo. Talvez eu tenha entre meus amigos uns cem apostadores "entendidos", que têm cem contatos, que conhecem, cada um deles, outros cem apostadores entendidos. O número total de apostadores que conhecem todas as dicas é 100 x 100 x 100 = 1 milhão. Se todos eles comprarem um bilhete de loteria por semana, são 52 milhões de chances a cada ano, portanto, mesmo permitindo sobreposições, com toda certeza não estarei tão distante assim de um ganhador da loteria.

O segundo ponto é que ganhar o prêmio total sozinho definitivamente **não** vai acontecer com você. (Quão imprudente é esta última frase? Bem, existem 14 milhões de pessoas na Inglaterra que compram bilhetes de loteria, e 1.700 ficaram milionárias graças à loteria, então [dividindo 14 milhões por 1.700], se 8.200 pessoas comprarem este livro, vou receber apenas uma carta de reclamação. Posso lidar com isso.)

Para avaliar isso plenamente, você precisa ter compreensão da probabilidade e chance, uma área na qual a intuição humana é a sua própria pior inimiga. Muitas vezes, vejo fumantes comprando bilhetes de loteria. Eles estão pensando: "As chances de ganhar são de uma em 14 milhões... pode ser que eu ganhe." Mas será que, enquanto dão baforadas no cigarro, também estão pensando: "As chances de ter um câncer de pulmão são uma em mil... não poderia ser eu?" Obviamente, a matemática está contra eles aqui, mas o irresistível vício tanto do dinheiro quanto da fumaça do cigarro nublou todo o senso de lógica.

Desde que os números da loteria estão associados com riqueza, status, poder e férias intermináveis, eles estão impregnados com um tipo de força vital. Tratamos os números como se fossem animais exóticos, imaginando que ficam vagando em volta do sistema lotérico como bandos de gnus... "Se o número 23 não ficar tosquiado, tenho certeza de que pode acontecer essa semana..." Uma amiga minha tinha uma parede coberta com um gráfico no qual marcava a migração dos números durante o ano, esperando o momento certo de montar uma armadilha e conseguir capturar seis vencedores.

Uma última palavra a Fran Lebowitz: "Já fiz os cálculos e vi que suas chances de ganhar na loteria são idênticas, quer você jogue ou não."

> Qualquer ferramenta, se derrubada, irá rolar para o canto menos acessível da sala
>
> A caminho do canto, qualquer ferramenta derrubada irá atingir primeiro o seu pé
>
> (Arthur Bloch, *A Lei de Murphy*, Record, 1982)

(Veja também as páginas 120 a 124 para outros exemplos de animismo.)

Isso é verdade, você sabe que é verdade, mas, ao mesmo tempo, sabe que pode não ser verdade. A ferramenta pode muito bem simplesmente rolar para o meio do piso. Uma análise estatística demonstraria a casualidade da dispersão, mas nós preferimos acreditar na desonestidade das ferramentas e em seu insaciável apetite por cantos embaixo de armários. Quando checamos nossas lembranças, a amígdala assegurou que somente as más recordações, como a de nos arrastarmos por baixo dos armários, foram armazenadas.

Você não consegue impedir o caso de amor entre o molho de tomate e a camisa branca

Parece repetição dizer "Apenas some o número de vezes em que o molho não espirrou em sua camisa", mas é verdade que as refeições bem-sucedidas são esquecidas. Só os desastres contam.

O problema não é em nada ajudado pela técnica de se comer espaguete: cubra-o com um molho vermelho-vivo e depois o enrole no garfo como um lava-jato. Este sistema está fadado a provocar algum dano colateral. Em seu país de origem, muitos comedores de espaguete curvam-se sobre a mesa e se aproximam do prato como se ele fosse uma mina armada. Os italianos aprenderam a ter respeito pela cozinha italiana.

A fumaça da fogueira no acampamento sempre sopra em seu rosto

Em razão de a nossa mente animista sempre acreditar que a fumaça tem seus próprios motivos e objetivos, achamos que estes são nos pegar. Na verdade, a natureza caótica da fumaça de uma fogueira de acampamento sempre assegura que todo mundo receba uma boa baforada. Porém, cada infeliz campista acredita que a fumaça o escolheu para castigá-lo. Seu conhecimento de matemática deveria lhe dizer que o aleatório é aleatório, mas o triste sujeito que passa o tempo todo mudando de um lado para o outro a fim de evitar a fumaça estará convencido de que, um minuto depois, ela se voltou em sua direção de propósito.

O suco do limão esguicha no seu olho

A técnica utilizada pela maioria das pessoas quando vai atacar a metade do limão é enfiar a colher no lado oposto. Devido a isso, qualquer líquido que por acaso espirrar voará direto para o seu rosto. Seus olhos ocupam cerca de 1/400 da área de explosão, portanto a chance de o suco atingir o olho é bastante baixa. No entanto, sua amígdala não vai se lembrar dessa maneira: uma gota de ácido cítrico no olho é um evento memorável. A amígdala irá acrescentar medo suficiente à memória para que ela diga: "Preste atenção, isso pode acontecer novamente. Lembra-se da dor na última vez?"

Os sinais de trânsito estão sempre vermelhos quando você está com pressa

Aí vem a amígdala novamente. Como algo tão sem vida como os sinais de trânsito podem conspirar contra você? Bem, suponho que a amígdala tenha uma certa razão desta vez – os sinais de trânsito no centro das cidades geralmente são coordenados por meio de um determinado número de cruzamentos. Os administradores de trânsito permitem que os carros trafeguem a 60km/h, portanto, desde que você mantenha a velocidade baixa, as luzes irão mudar magicamente em seu favor. (Eu mesmo já dirigi ao longo da London's Euston Road, com seus 14 sinais, a uma velocidade estável de 60km/h e todos os sinais estavam verdes quando me aproximava deles.) Mas, quando você está com pressa, vai acelerar o tempo todo, e então pára no sinal vermelho, depois acelera novamente, depois freia rangendo os pneus... No final, sua velocidade média entre os cruzamentos será, é claro, de 60km/h. Mas o seu cérebro está repleto de teorias conspiratórias sobre os sinais.

Geralmente é verdade, também, que há uma probabilidade maior de você encontrar o sinal vermelho do que o verde, por um fator de dois por um. Os cruzamentos modernos freqüentemente utilizam filtros de luzes especiais para os pedestres, de maneira que os sinais realmente acabam ficando vermelhos em dois terços do tempo.

O elevador nunca pára no seu andar

A coisa mais irritante em se usar um elevador é ter de ficar ali parado, olhando para uma porta enquanto espera que o elevador apareça. Suas dificuldades com o mensuramento do tempo (veja p. 47) significam que uma espera de 30 segundos sem nada para fazer pareça uma hora. No transcorrer do que parece ser uma década, você ferve, psicoanalisa o elevador, tem pensamentos crescentemente violentos sobre a linhagem dele e cria uma trama diabólica entre ele, o arquiteto e todas as demais pessoas do prédio que o impedem de chegar até você. Seja paciente: embora ele esteja sendo cruel com você, está sendo bondoso com alguém em outro andar.

Quando ele finalmente chega, deixa-o entrar e depois o despacha para a direção completamente errada, então você pode xingá-lo à vontade. O que você acabou de encontrar é o mais simples e barato sistema de elevador, que trafega para cima até o topo, pegando outros passageiros no caminho, e depois volta para baixo novamente, assegurando que, num dado momento, metade dos passageiros está seguindo para o lado errado.

Os programadores de elevadores gostam de deixar as pessoas felizes. E realmente deixam. Mas há pessoas demais a quem satisfazer, portanto eles tentam distribuir esta felicidade de maneira igual entre todos os passageiros. Se há mais gente chamando os elevadores no piso térreo do que em qualquer outro andar – a regra geral na maioria dos edifícios –, então eles providenciam para que os elevadores tenham uma preferência por esse trajeto, o que deixará as pessoas nos outros andares furiosas. Em edifícios altos, com muitos elevadores, o cérebro dos elevadores fica maior. Eles podem realizar um "zoneamento", com um elevador pairando nos andares de cima enquanto outro permanece embaixo, e outros agindo como "varredores de meio-campo". Qualquer que seja a estranha travessura que eles lhe aprontem, você deve sempre se lembrar: quanto mais elevadores, maiores os cérebros: eles sabem melhor do que você o que é melhor para você.

Talvez, em vez de ficar parado olhando para a porta enquanto espera, você possa tentar descobrir que tipo de programa está sendo usado naquele momento. Então, o tempo irá voar.

As previsões do tempo estão sempre erradas, erradas, erradas

A previsão do tempo é onde a teoria do caos faz seu ninho. Brisas suaves podem subitamente se transformar em grandes tempestades, depois desaparecer tão de repente quanto chegaram e voltarem a ser um ventinho leve, aparentemente sem motivo algum. Quando o vento e as nuvens deixam o Atlântico e começam a se dirigir através da Grã-Bretanha e da Europa, ele fica crescentemente difícil de se prever. A teoria do caos tenta explicar o inexplicável. Em sua forma mais pura, expressa que todos os sistemas climáticos do mundo são interconectados, e são todos instáveis; portanto, uma leve mudança numa região do globo pode ter um efeito devastador no outro lado – uma borboleta batendo as asas na Patagônia poderia, teoricamente, desencadear uma série de eventos causadores de um furacão no Himalaia.

No instituto de meteorologia, eles estão lidando com um número de fatores que dão a cada massa de ar circulante uma característica especial: o quanto é grande, com que rapidez está se movendo, sua temperatura e umidade. À medida que cada massa colide com suas vizinhas, as equações se modificam e as coisas ficam cada vez mais confusas. Os meteorologistas usam a teoria do caos para criar nada menos do que 50 resultados possíveis, depois aplicam a uma análise estatística, a fim de criar a história mais plausível para ser divulgada. Mas raramente se comprometem com a certeza. Devido à maneira seletiva com que você escuta (veja p. 38), irá ouvir as palavras-chave – "chuva... Sol... nublado... vento..." –, porém, se ouvir com cuidado entre as palavras-chave, irá perceber a verdadeira mensagem: "Talvez... possivelmente... chances de... ." Em outras palavras, "Seu 'chute' é tão bom quanto o meu, cara."

(Os estatísticos dirão que a previsão mais provável para o tempo de amanhã é "a mesma de hoje".)

O azar sempre vem de três em três

A matemática do azar é bastante simples: ele não vem de três em três, mas sim num chuvisco constante. No entanto, a psicologia do azar é mais complexa, como descobriu Jim Azarado, conforme veremos adiante. As lembranças altamente carregadas podem se prolongar por semanas, e se unir com outras de maneiras que não deveriam.

A culpada aqui é a **potenciação no longo prazo** (veja p. 70), o sistema básico de operação do cérebro. Cada um dos neurônios de Jim se junta ao seu vizinho numa sinapse. Quando um nervo mensageiro atinge a sinapse, ele salta para o neurônio seguinte, e a mensagem continua sendo passada à frente. Dali, por um breve período, o neurônio é preparado e irá disparar novamente se lhe for dada a mais leve pista de um sinal repetido. As lembranças são feitas de neurônios ligados uns aos outros por sua potenciação no longo prazo. Por exemplo, a palavra "banana" é armazenada como um padrão de neurônios no lobo temporal, e este está ligado a um ponto no córtex visual em que se localizam as imagens de objetos finos e amarelos. Quando você escuta a palavra "banana", esta conexão irá produzir uma imagem visual da fruta.

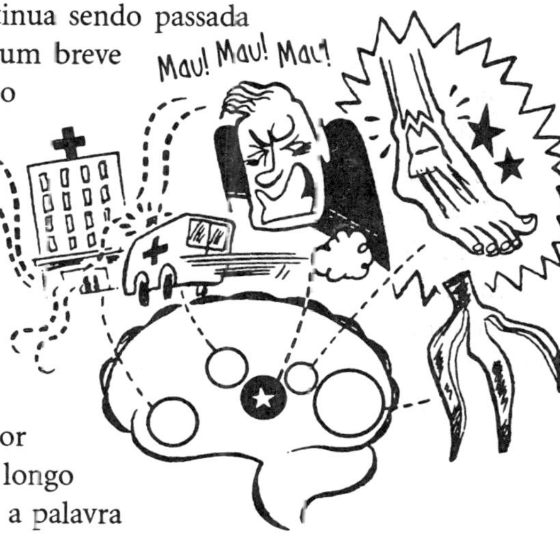

Quando a primeira parte do azar acontece – Jim escorrega e quebra o tornozelo –, é criada uma lembrança, que inclui a imagem da casca de banana que causou a queda, o estalar dos ossos se quebrando, a dor, o cheiro de hospital e assim por diante. Toda essa tapeçaria é eletrificada pela carga emocional da amígdala: isso é **má notícia**, é depressivo, é humilhante. Devido à poderosa influência da amígdala, esta tapeçaria neural em especial permanecerá forte por várias semanas.

No dia seguinte, Jim perde as chaves de casa. A nova lembrança normalmente iria desaparecer em pouco tempo, mas algumas tramas – as tramas da má notícia – se sobrepõem à última lembrança, ainda forte, do tombo por causa da casca de banana. Isso fornece à nova lembrança um poder extra de permanência; portanto, dois dias depois, quando o vaso preferido de sua avó escorrega das mãos de Jim, a nova lembrança de "azar" já tem duas companheiras estáveis. E estas três lembranças agora desencadeiam uma nova lembrança – que o azar chega de três em três. Esta crença se transforma numa profecia auto compensadora. Porque Jim acredita na lenda, então cada vez que acontece um desastre, sua mente procurará, diligentemente, os segundo e terceiro desastres.

Os ônibus sempre chegam em três

Desta vez, você não está errado; eles realmente fazem os turnos de três em três, mas não por maldade, nem por incompetência das empresas: os ônibus saem da estação a intervalos precisamente determinados. O primeiro ônibus pega uma grande quantidade de passageiros na primeira parada. Isso demora. No momento em que o primeiro ônibus sai, o intervalo entre o tempo dele e o dos outros já foi reduzido. Por causa disso, há menos tempo para que novos passageiros cheguem ao ponto, e por isso o segundo ônibus demora menos para apanhá-los e sai mais rápido do que o primeiro. O mesmo acontece novamente na segunda parada, e depois na terceira, com o espaço de tempo sempre diminuindo, até que os dois ônibus acabam seguindo quase juntos. Em trajetos longos e movimentados, estes dois podem ser acompanhados pelo terceiro, e então a reputação deles está assegurada.

Uma regrinha útil para a utilização de transporte público é "sempre pegue o segundo ônibus". Isso certamente funciona no metrô de Londres; mesmo no pico da hora do rush, se você esperar pelo segundo, freqüentemente conseguirá entrar num trem quase vazio.

O lugar para onde você quer ir está na beirada do mapa rodoviário

Aqueles que realmente acreditam na Lei de Murphy já sabem que, quando pegam o guia rodoviário, seu destino certamente estará na beirada do mapa. Mas o que realmente significa "na beirada"? Em geral, ele está a 2 centímetros da beirada, por isso irá envolver muitas e irritantes viradas de página para verificar o trajeto. O tamanho de uma página comum é 12,5 x 19cm, isto é, 237,5cm^2. Uma margem de 2 centímetros por toda a volta acrescenta mais de 120cm^2, que é mais da metade da área total da página. Portanto, é bastante provável que você sinta mesmo a ira do mapa de estradas. Isso é contra-intuitivo, porém este é o problema das intuições.

Uma vez abertos, os mapas não podem ser dobrados novamente sem o uso de tesoura

Perguntei ao meu professor de matemática quantas maneiras existem de se dobrar um mapa. Como sempre, a resposta dele foi (a) despropositada e (b) exata.

Eis aqui um exemplo de um panfleto, para ser dobrado em apenas uma direção, com quatro dobras. A grade consiste de cinco retângulos com o tamanho de 5 x 1.

Ele estará completamente dobrado quando ocupar um espaço de 5 x 1, e tem cinco espessuras de papel. Existem 4! x 2^4 maneiras de fazer isso. 4! Significa 4 x 3 x 2 x 1 e 2^4 é 2 x 2 x 2 x 2, portanto o resultado é (4 x 3 x 2 x 1) x (2 x 2 x 2 x 2) = 384.

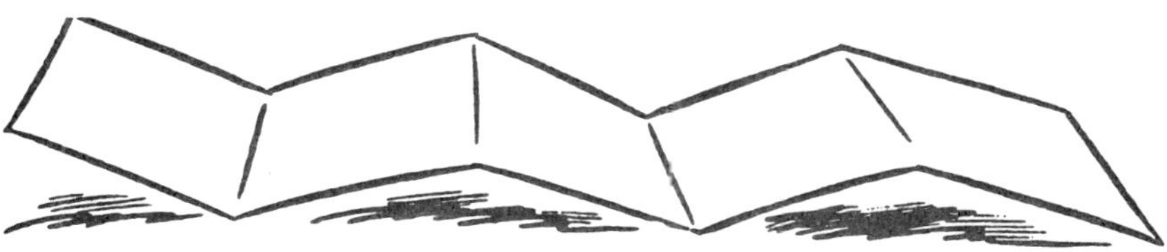

Páginas simples.

Com n dobras, há $n!$ x 2^n maneiras de se obter uma dobradura completa. Isso significa que, num mapa com apenas duas dobras, existem oito possibilidades. Se ele tiver oito partes, pode ser dobrado de 645.120 maneiras. Se for um mapa com oito dobras numa di-

reção e quatro na outra, e for dobrado em uma direção, e depois na outra, então o número total de dobras é o produto das duas direções: 645.120 x 48, ou 30.965.760. Estatisticamente falando, tenho uma chance melhor de ganhar na loteria do que de dobrar corretamente meu mapa. Isso se encaixa bem em minha experiência.

FÍSICA

Tudo acaba dentro da capa do edredom

Eis aqui uma seção dedicada à busca da vida tranqüila. O motivo pelo qual nossas roupas acabam ficando dentro da capa do edredom é o mesmo motivo por que as pessoas vão morar no interior, e também por que o mar de Sargaço está onde está, e também por que o lixo nas ruas vai para onde vai.

Primeiro, as roupas na máquina. Quando as meias reviram e se debatem no interior da máquina de lavar, elas ocasionalmente encontram o grande e pesado edredom rodopiando no fundo, com a boca da capa abrindo e fechando. Se elas se desgarrarem para dentro da boca, irão descobrir que ali a turbulência é menor do que do lado de fora – em outras palavras, elas se movem menos e, portanto, provavelmente vão preferir ficar ali mesmo. Para todos os itens dentro da máquina, a probabilidade de serem levados para dentro da capa do edredom é alta, e a probabilidade de serem levados novamente para fora é baixa. Cada nova chegada empurra um pouco o item anterior. A capa do edredom vai se enchendo de maneira constante.

O mesmo padrão pode ser visto no lixo das ruas: pedaços de vidro e asfalto quebrados, pequenas pedras e poeira são lançados por toda parte pelas rodas dos carros até que acabam parando em áreas onde as rodas dos carros não passam. Este lugar é o meio-fio da calçada, onde eu ando de bicicleta.

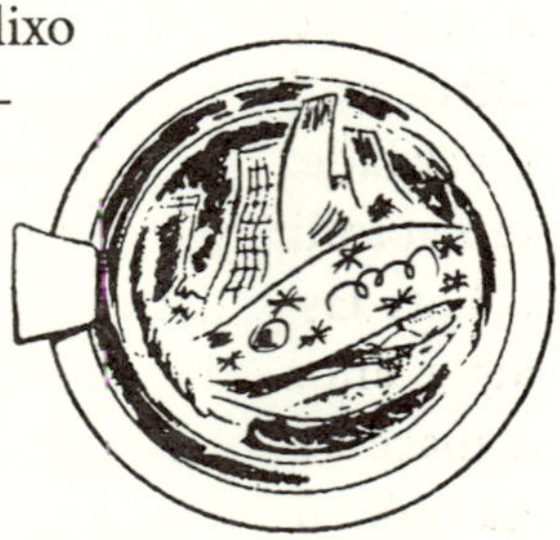

No meio das poderosas correntes do oceano Atlântico, existe uma área conhecida como o mar de Sargaço. Por um acidente da geografia, ali nenhum vento sopra e o mar é completamente imóvel. Todos os detritos e algas que flutuam pelo oceano são levados para lá e, porque não há correntezas para empurrá-los de volta, ali eles permanecem, em calmaria. O mar de Sargaço é tão entupido de sujeira que agora está praticamente sólido.

Quando escolhemos nosso estilo de vida, optamos pela quantidade de turbulência que sentimos que podemos tolerar. Quando a agitação da vida na cidade se torna demasiada, rapidamente nos mudamos para uma bela e tranqüila cidadezinha no interior. De uma estranha maneira, estamos nos comportando como as roupas na máquina de lavar.

Quando você usa botas, as meias que não estão presas descem

Os calcanhares das meias se esfregam para cima e para baixo contra as botas. Quando são esfregadas para cima, estendem-se e são empurradas para baixo. Quando são esfregadas para baixo, permanecem ali.

As melhores pedras deslizantes estão mais longe da água

A explicação mais aceita é que alguém chegou antes de você e atirou todas as pedras que estavam na beirada da água. Não é verdade. O achatamento que faz com que as pedras sejam tão aerodinâmicas também as torna hidrodinâmicas. As mais achatadas e lisas são levadas para cima pelo movimento da água, enquanto as redondas permanecem na margem. Quando a maré baixa, suas pedras preferidas são deixadas espalhadas na linha da maré alta.

Sempre há uma colher de chá perdida dentro da pia cheia

As colheres de chá são diferentes dos outros itens dentro da pia. Pequenas e leves, elas não ficam paradas quando a água é movimentada em torno da pia, mas nadam na onda em arco formada pelas mãos que a procuram. Você acha que já verificou por toda parte, mas não checou aquele lugarzinho a 1 centímetro de seus dedos.

Os flocos de milho não cabem novamente dentro da caixa

O motivo usual para se esvaziar a caixa de flocos de milho é a dificuldade de se guardar novamente o saco plástico com o que restou. Quando você guarda o cereal de volta, descobre que os flocos cresceram e não cabem mais na caixa.

O que cresceu, na verdade, foram os espaços de ar entre os flocos. Se você sacudir a caixa, os flocos irão se acomodar outra vez.

Mas, geralmente, você não quer sacudir demais a caixa de cereais, porque...

...o pó se deposita no fundo

Isso é particularmente verdadeiro no que se refere ao musli, onde há uma grande diferença no tamanho relativo das peças; quando você espia num pacote novo, vê uma grande quantidade de nozes e frutas, mas, quando chega no fundo, não há nada exceto pó para o café da manhã. Você pode pensar que seja um truque do fabricante – uma bela vitrine no alto de uma caixa de detritos. Algumas pessoas tentam sacudir a caixa para que os pedaços se distribuam de maneira igual, mas isso só piora a situação.

Uma lembrança distante de uma aula de ciência sobre flutuação e afundamento pode nos levar a acreditar que pedaços maiores e mais pesados deveriam afundar, enquanto pedaços mais leves e menores deveriam flutuar, mas isso não é líquido e, na verdade, a resposta é muito simples. Pedaços maiores têm espaços maiores à sua volta. Os pedaços menores caem dentro desses espaços, portanto a tendência é que o pó e os flocos menores afundem, deixando os maiores expostos na superfície. Virar a caixa de cabeça para baixo e depois sacudi-la irá reverter o padrão e ajudará a distribuir o pó e os pedaços maiores de maneira mais uniforme.

Os pratos quentes são exatamente iguais aos pratos frios

Quando você ou eu estamos aquecidos demonstramos isso ficando suados e com o rosto vermelho. Os pratos são mais discretos: sinalizam que estão quentes pulando para fora de seus dedos e caindo no chão.

O reflexo automático que faz com que você atire o prato voador para cima logo depois de pegá-lo é um mecanismo especial de sobrevivência. Se seus dedos estiveram sendo queimados, você precisa reagir com rapidez. A mensagem dos receptores da dor nos dedos viaja até a coluna, depois volta para o braço, para fazer com que ele liberte a mão do problema. Só então o cérebro recebe permissão para entrar em cena, tarde demais para fazer qualquer coisa exceto pensar "Ai!", pedir desculpas a todo mundo e começar a procurar um pano de chão. A mente irá se lembrar do incidente de trás para a frente (veja p. 39). Ela dirá: "Peguei o prato, percebi que estava quente e o deixei cair." A correta seqüência de eventos é "Peguei o prato, depois o derrubei e só então percebi que estava quente".

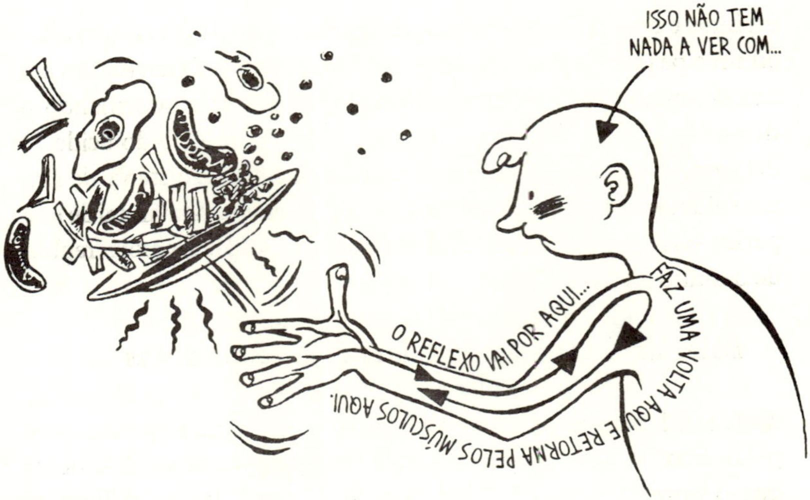

Os dedos que levam topadas demoram para perceber

O momento em que o tempo pára: você baixa os olhos para a perna da mesinha e depois para o seu dedo, que acabou de trombar com ela. Você pensa: "Vai doer"; você escuta o sussurro distante de uma dor se aproximando. Por que demora tanto tempo para chegar?

Quando o dedo do pé encontrou a perna da mesa, três diferentes sistemas de nervos se colocaram em movimento para a operação. O reflexo que afastou seu pé para longe envolveu grandes fibras nervosas, que podem conduzir impulsos a uma velocidade de até 100m/s. Estas viajaram a locais na

espinha, e depois direto de volta para os músculos da perna, que afastaram o pé para longe do problema. A segunda série de nervos enviou mensagens ao cérebro a uma velocidade de até 76m/s, informando-o de que houve um problema. Mas o relatório completo do acidente demorou mais tempo. Processada a uma velocidade constante de 1m/s, a ruidosa cavalgada da dor chegou alguns segundos mais tarde e só partiu vários minutos depois, tendo passado por seu cérebro repleta de barulho e cor.

Baterias usadas são atraídas por baterias novas

A eletricidade é uma coisa muito nova. Começou a ser estudada pelos cientistas no recente século VI a.C. (o que, se você lembrar que o homem "moderno" está por aí há mais de um milhão de anos – sem as baterias incluídas –, é bastante recente). No século XVIII, os cientistas achavam que a eletricidade era um tipo de líquido mágico. Para provar isso, eles a transportavam em "garrafas de Leyden", e pareciam ser capazes de jorrá-la em abundância. Hoje em dia, não somos mais avançados do que isso. Imaginamos que as baterias modernas sejam primas da garrafa de Leyden, e que os elétrons jorrem para fora delas até que estejam vazias. Isso nos deixa imaginando que elas deveriam ficar diferentes quando acabam. Pelo menos deveriam ficar mais leves. Talvez seja por isso que sejamos tão educados no momento de trocar as baterias. Alguns de nós misturam rapidamente as mortas com as vivas, e outros as separam cuidadosamente em duas pilhas e, depois, esquecem qual é uma e qual é outra.

Os picotes no papel higiênico nunca combinam

Não parece que muita coisa possa dar errado no que se refere ao papel higiênico. Mas, claro, tudo o que pode dar errado vai dar errado. Como os picotes das folhas duplas podem deixar de combinar? A resposta é: eles combinam. Para restabelecer a paz no banheiro, pegue uma das folhas e a desenrole, deixando a outra folha para trás. Agora elas combinam perfeitamente.

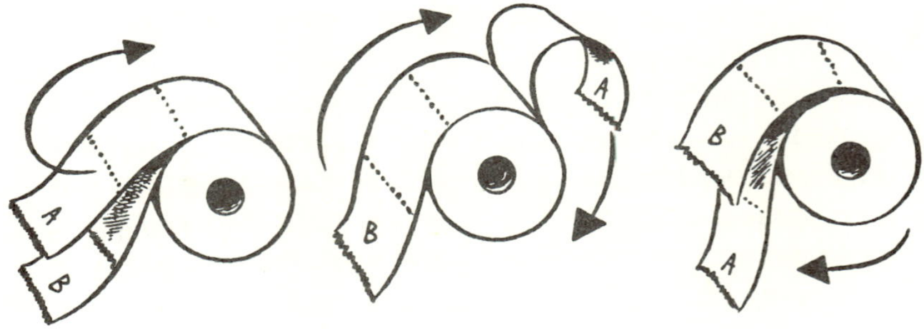

Alguns supermercados têm recebido tantas reclamações dos consumidores que acham que as máquinas de picote os perseguem que passaram a imprimir instruções de uso nas embalagens.

O espelho do banheiro fica embaçado exatamente quando você precisa dele

A água flutua no ar como moléculas individuais (vapor d'água). Sempre há algumas delas por aí, embora você não possa vê-las, porque as moléculas estão espalhadas e se movem com bastante rapidez; portanto, quando colidem, ricocheteiam umas nas outras e seguem caminhos separados. Quando a água quente jorra das torneiras, o ar fica repleto de moléculas de água. Se elas encontram alguma coisa mais fria – como o espelho do banheiro –, a velocidade diminui. Agora, se duas moléculas mais lentas colidem, elas não irão ricochetear; elas vão se unir. (Por que elas se unem? Veja p. 208.) Quando uns poucos trilhões de moléculas se juntam, tornam-se visíveis a olho nu, em forma de gota. A névoa no espelho é formada por milhares dessas gotinhas.

É possível ter um espelho que não fique embaçado quando o banheiro está sendo usado. Para que isso aconteça, o espelho deve ser fixado a uma pequena distância da parede, de forma que o ar circule atrás dele. Sob tais circunstâncias, a temperatura do espelho será a mesma que a do resto do cômodo, e o vapor d'água não irá condensar.

O patinho de borracha nada para baixo da torneira

Mais uma peculiaridade da Escola de Contra-Intuição. Quando a banheira se enche, os objetos que flutuam perto da torneira deveriam ser empurradas para longe, mas, em vez disso, elas são repetidamente dragadas para baixo da torneira. Este fenômeno, conhecido como efeito Bernoulli, em homenagem ao grande cientista suíço que o estudou, explica este fato e também o motivo pelo qual as chaminés funcionam, os aviões voam, as bolas do bingo pairam sobre jatos de ar, os chutes livres se concentram na rede e as bolas de tênis e de boliche giram.

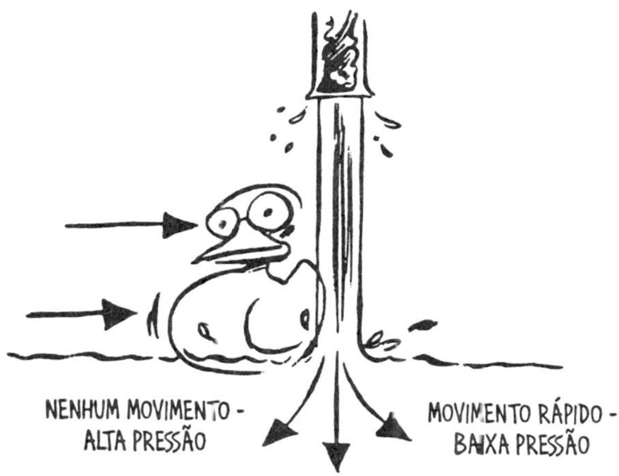

- **Primeiro, o patinho**: quando as coisas se movimentam, elas se dispersam. Por "coisas" eu me refiro a tudo: os carros se dispersam nas rodovias quando correm e se amontoam novamente quando encontram limite de velocidade. Os flocos de milho estão mais separados quando saem do pacote do que quando estão no prato. As moléculas de água estão mais separadas quando jorram para fora da torneira e, por um momento, logo depois que entram na banheira, até ficarem mais lentas logo abaixo da superfície da água. Então, as moléculas de água que passam por um dos lados do patinho estão mais separadas do que aquelas do outro lado, portanto há menos delas, então a pressão contra a lateral do patinho é menor. A água do outro lado está empurrando mais; o patinho segue na direção da correnteza, em vez de para longe dela.

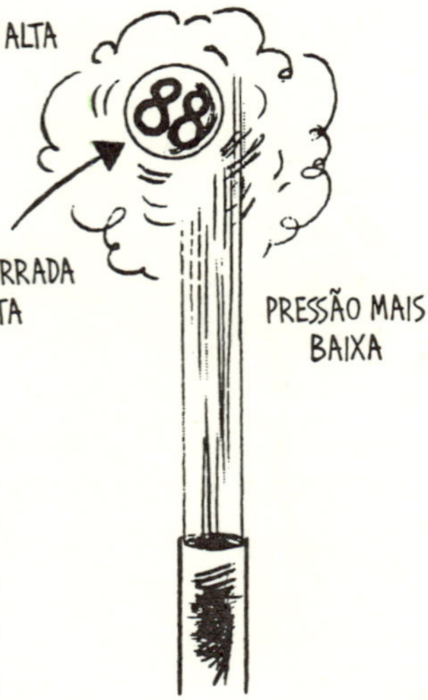

- **Chaminés**: quando o ar se move, ele também se dispersa. O ar em movimento está numa pressão mais baixa do que o ar imóvel. (Quando os meteorologistas falam em "áreas de baixa pressão" geralmente querem dizer "vento".) As chaminés funcionam porque o vento que sopra no alto está numa pressão mais baixa do que o ar no interior da casa. O ar na chaminé é puxado para fora pelo ar com pressão mais alta dentro da casa.
- **Bolas de bingo** não saem dos jatos de ar porque, quando chegam ao limite com o ar circundante, encontram-se com uma pressão mais alta lá fora, que as empurra de volta.

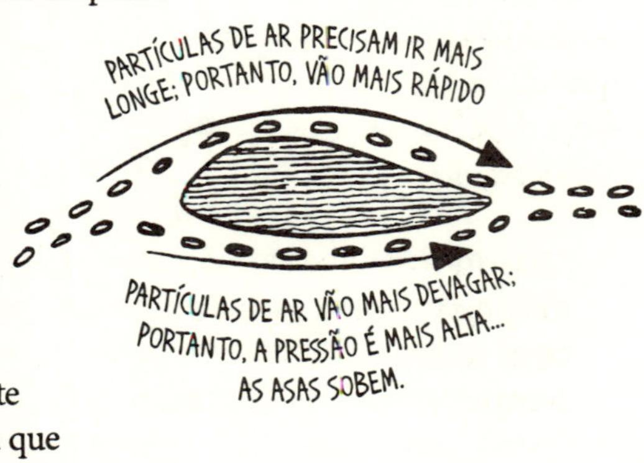

- Quando os **aviões** cortam o céu, as moléculas de ar que transitam sobre a superfície curvada das asas precisam ir mais longe do que as moléculas abaixo. Este simples fato significa que a pressão no alto é menor do que a pressão embaixo: a asa é empurrada para cima.
- As **bolas** fazem curvas quando são giradas porque, quando seguem na direção do alvo, com o ar correndo por elas, um lado está se movimentando na mesma direção que o ar (A), e o outro na direção oposta (B). No lado A, o ar está sendo

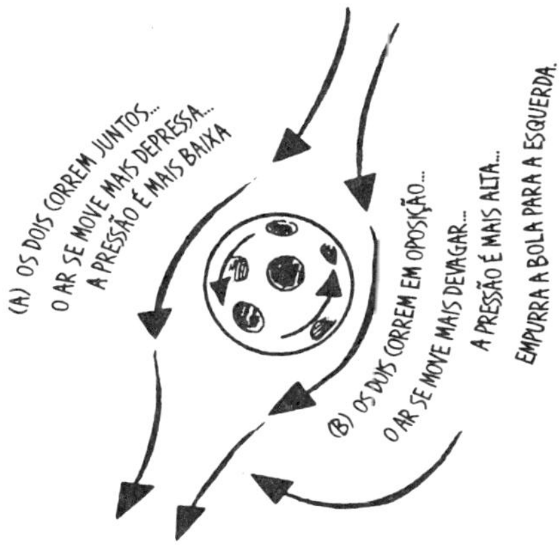

encorajado a se mover mais depressa; no lado B, ele está encontrando resistência. Entretanto, no lado A, a pressão é mais baixa e, no lado B, ela é maior, e a bola é empurrada na direção de A.

A cortina do banheiro está perseguindo você

Não existe nada mais "grudento" do que o abraço de uma cortina de plástico quando você tenta tomar um banho; é infalível. Por quê?

Dois motivos: primeiro, a água do chuveiro aquece o ar, que se eleva para o alto. Segundo, o rápido movimento da água e do ar reduz a pressão do ar, então o ar fora da cortina se move para dentro, a fim de preencher o espaço, levando a cortina consigo. Por que ela se agarra com tanta força depois que o encontrou? Veja a seguir.

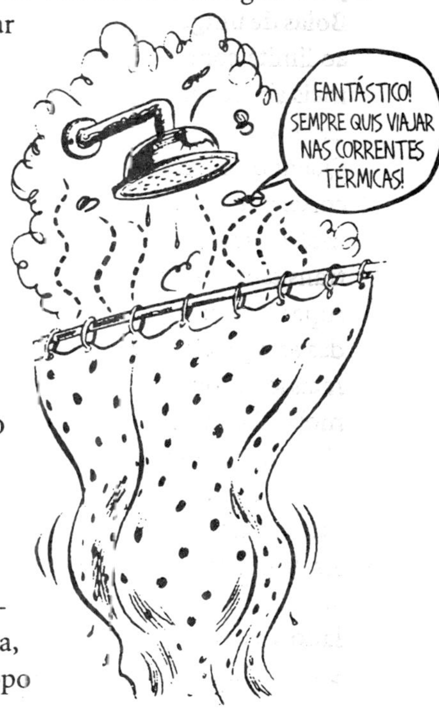

Quando você quer despejar algum líquido com todo cuidado, sempre acaba derramando

Isso acontece o tempo todo; quando você quer tirar só um tantinho de água de um copo, a bebida vai até a borda e depois esquece completamente toda a física, cambaleando pelas laterais do copo e por toda a extensão do seu braço, até o cotovelo. O que faz a água perder o rumo desse jeito? Será que ela esqueceu qual é o caminho para baixo?

A resposta a isso também explica por que as gotas de água se formam, a cortina do banheiro gruda. A água é grudenta. A molécula de água é um pouco eletrostaticamente carregada, levemente negativa no alto e levemente positiva nas laterais, de forma que, quando duas moléculas se aproximam tendem a ser atraídas, como pedaços de papel na direção de um pente de plástico.

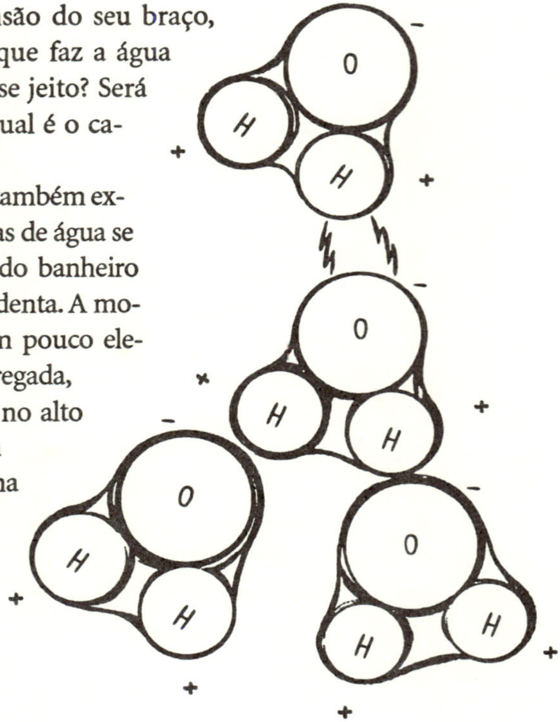

(É por isso que a água é líquida. Deveria ser um gás, na verdade; uma molécula de água pesa ligeiramente menos do que uma molécula de dióxido de carbono. A aglutinação das moléculas é o que as mantém juntas em forma de líquido.)

As moléculas de água não se prendem apenas umas às outras, elas também se prendem a qualquer coisa com que tenham contato, incluindo você (e a cortina do chuveiro) e o copo que você está esvaziando. Se você despejar a bebida bem devagar, a atração eletrostática da lateral do copo será mais poderosa do que a força da gravidade.

A ponta da fita adesiva nunca está onde deveria

Se você está procurando provas de que o mundo está contra você, basta olhar um rolo de fita adesiva. Assim que você desvia os olhos da ponta, ela desaparece; você passa a hora seguinte esfregando e praguejando contra o rolo. O que acontece quando você não está olhando é bastante surpreendente. Recomendo que você experimente fazer isso algum dia, quando não estiver com muita pressa. Puxe a extremidade da fita um pouco acima do rolo e observe-a sendo sugada de volta.

A fita ficou eletrostaticamente carregada. Quando você puxa a extremidade para fora, ela deixa alguns elétrons para trás no rolo, com o resultado de que a ponta é positivamente carregada e o rolo, com um excesso de elétrons, é negativo. Os dois irão se atrair. Isso também explica por que pedaços compridos de fita adesiva se enrolam em volta do seu braço – eles são atraídos eletrostaticamente para você.

O pão sempre cai com a manteiga para baixo

A aura que cerca a mais famosa das Leis de Murphy deve-se à sua própria lógica autodesafiante. Se você jogar uma moeda no chão cem vezes, ela cairá 50 vezes com a cara para cima, 50 vezes com a coroa. No entanto, quando o pão atinge o solo, é com a manteiga virada para baixo 100 por cento das vezes. Como isso pode acontecer, a não ser que o mundo esteja contra você?

O problema é alcançar a torradeira...

A BBC fez uma experiência em 1983 para testar a veracidade da lei: 20 voluntários passaram manteiga no pão e depois as jogaram para o alto. Sem nenhuma surpresa, as fatias de pão caíram com a manteiga para baixo em 50 por cento das vezes. Será que a lei havia sido invalidada? De maneira alguma. A BBC fez as coisas um tantinho erradas, pois não é sempre que nós atiramos o pão para o ar, mesmo durante os nossos desjejuns mais loucos e selvagens. O que de fato ocorre, freqüentemente, é que o pão escorrega para fora do prato quando você o carrega e, desse modo, acontece algo que nada tem a ver com as Leis de Murphy, mas tudo a ver com as de Newton. O pão se inclina na borda, de maneira que, quando inicia sua queda, está girando. A Primeira Lei de Newton diz que, quando algo está fazendo alguma ação, continua fazendo até que alguma coisa o faça parar. O pão vai continuar girando até que algo apareça para detê-lo – no caso, o chão. A desgraça é que apenas meia rotação é possível antes da chegada ao solo; portanto, o lado com a manteiga é sempre aquele que atinge a terra.

A solução para o problema do pão é simples: use sempre um par de pernas de pau quando for prepará-las. Dessa forma, o pão poderá dar um giro completo antes de atingir o marco zero.

Os insetos sempre afundam no seu copo

Se você realmente acredita na injustiça dirigida contra você por toda a criação (a base da Lei de Murphy), pode ter fé de que aquele inseto esteve vigiando-o durante dias, determinado a estragar seu piquenique. E talvez esteja certo. Mais provável, no entanto, é que ele tenha sentido o cheiro de sua bebida. Os insetos possuem receptores de odores incrivelmente sensíveis nas antenas. O inseto talvez tenha viajado por centenas de metros a fim de compartilhar seu drinque. Tendo vindo de tão longe, ele não irá desperdiçar o tempo – e vai direto para o prato principal, mal percebendo que se tratava de um almoço líquido e, portanto, para o inseto, a última refeição. É claro que eles nem sempre se afogam no seu copo, mas, se você tentar girar o copo para que o inseto se mova para longe, ele **permanecerá ali**. Por quê?

Quando você gira o copo, é só isso que gira. A Primeira Lei de Newton diz que as coisas permanecem imóveis a menos que

sejam movimentadas. A bebida não está grudada no copo, por isso permanece na mesma posição enquanto o copo gira em torno dela.

Inércia como esta também está por trás do famoso truque do ovo: você tem dois ovos, um cru e outro cozido. Como saber qual é qual? Apenas gire os ovos. O ovo cru vai parar de girar rapidamente, pois só o que está girando é a casca, enquanto o conteúdo continua parado. Gire um ovo cozido, que é inteiramente sólido, e ele vai ficar girando para sempre.

A piscina é mais funda do que você pensava

Um exemplo para se reescrever a história anterior (veja p. 91) é que podemos facilmente esquecer este efeito. Agora, posso olhar numa piscina sem dizer “Ei, ela parece bem mais rasa do que deveria”, mas houve um momento no passado em que esta ilusão quase aprontou comigo. Eu tinha 7 anos e foi a primeira vez em que entrei numa piscina de adultos. Quando olhei para a água, decidi que era suficientemente rasa; devia chegar mais ou menos na altura do meu queixo. Entrei desajeitadamente na piscina, baixando os pés na direção do local onde meus olhos disseram que estava

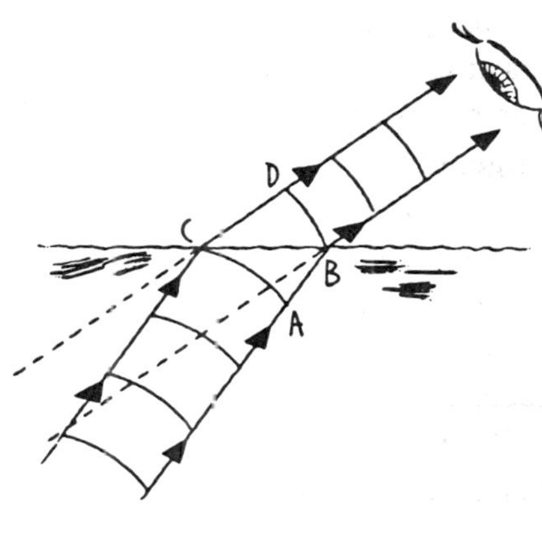

o fundo, com a boca um pouco para fora da água. Quando soltei da beirada, afundei mais alguns centímetros, até a altura das orelhas. Esta foi a primeira vez em que me dei conta de que existem forças indomadas soltas por aí.

A velocidade da luz não é constante. É diminuída por qualquer substância por onde passe e, quanto mais densa a substância, mais ela fica diminuída. (Portanto, sua velocidade varia, como calculou algum espertinho, de 299.792.458 metros por segundo num vácuo a 0m/s num tijolo.) As figuras demonstram um raio de luz no fundo da piscina saindo da água. Quando a luz escapa, sua velocidade aumenta, portanto C irá se mover para D no tempo em que A leva para chegar a B. Em conseqüência, todo o raio se inclina (é refratado). Seu olho o verá chegando de um lugar diferente. Quando isso acontece com os dois olhos, seu cérebro vê o chão da piscina num lugar diferente.

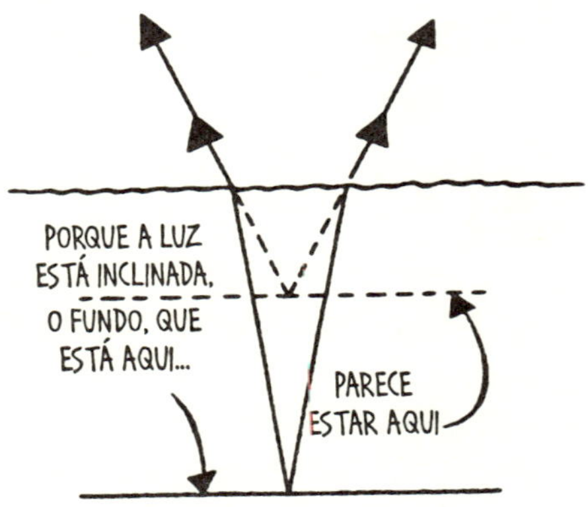

Assim que você sai de bicicleta, todas as estradas são morro acima, o vento é contra e a chuva bate em seu rosto

Esta ilusão ressalta ainda mais o egocentrismo com que todos nós nascemos, e que nunca perdemos totalmente. Quando fica mais difícil pedalar, sabemos que a colina está ficando mais íngreme. Deveríamos pensar, é claro, que nós estamos mais cansados, mas não pensamos. "O homem é a medida de todas as coisas", disse Protágoras, porém o "homem" é uma régua pouco confiável. Presumimos que nossa força seja uma constante e medimos o mundo por esse padrão. Quando nadamos, percebemos que a água fica mais densa à medida que damos as braçadas. Ela está mesmo ficando mais densa, ou será que somos "densos" demais para entender o que está acontecendo?

A ilusão do "vento contra" é outro exemplo de egocentrismo, que muitos irão se lembrar da infância; quando saíamos de carro num dia completamente sem vento, uma brisa surgia do nada. Obviamente, a brisa é criada não pelo ar correndo através do carro, mas sim pelo carro correndo através do ar. Quando você pedala sua bicicleta através do ar, ele irá parecer um vento contra seu rosto.

O fenômeno da "chuva batendo no rosto" tem uma solução igualmente lógica. Se a chuva está caindo verticalmente e você está pedalando para a frente, então, em relação a você, ela está caindo para trás. Você está se dirigindo para ela e, por isso, é claro que ela irá aterrissar no seu rosto.

BIOLOGIA

Os insetos passam o dia todo tentando sair de sua casa e a noite inteira tentando entrar novamente

Os insetos são tão vítimas das Leis de Murphy quanto nós. O mundo complexo que criamos ao longo dos últimos quatro mil anos os deixou confusos. Eles não evoluíram a ponto de compreender o que é um vidro, por isso continuam a se dedicar aos seus antigos meios de escapar de um lugar que seja escuro para seguir em direção à luz. Por 200 milhões de anos, este foi um bom sistema, mas agora isso representa uma grande dor de cabeça para eles. É totalmente possível que, com o tempo, as moscas evoluam a ponto de encontrar uma solução para o problema. Da mesma forma que os porcos-espinho estão evoluindo para reagir à aproximação de faróis correndo, em vez de se enrolar numa bola, talvez as moscas desenvolvam um algoritmo que lhes permita sair das casas pelo mesmo caminho por onde entraram. Mas, por enquanto, as moscas vão continuar batendo nas janelas.

Será que somos mesmo tão mais avançados que as moscas? Em algum momento da vida, muitos de nós já demos de cara com uma porta de vidro que não vimos; portanto, podemos nos solidarizar um pouco com elas. Por outro lado, depois de trombarmos uma vez com a porta, não repetimos mais a besteira.

Por que todos os insetos tentam entrar em casa à noite? Muitas alegorias românticas se referem a mariposas dando um mergulho suicida na chama de uma vela, hipnotizadas por sua luminosidade. As evidências sugerem que isso é um mito – um clássico pensamento pós-paleolítico: nós vemos o que queremos ver, construímos uma rica e plausível ciência para explicar, ignoramos as evidências contraditórias. Não há nada que o impeça de fazer a experiência. Você não precisa de permissão do Conselho de Pesquisa Científica, ou de subsídios de um governo. Basta acender uma vela na sala e deixar as janelas abertas. Os insetos voarão para dentro, mas não vão mergulhar na chama; eles vão pousar nas paredes em volta da sala, como uma multidão esperando o cabaré abrir. E há tantas teorias sobre por que isso acontece quanto há espécies de insetos na sala. Alguns cientistas acreditam que as criaturas confundem a luz com a Lua e tentam usá-la para se orientar. Outros acreditam que, exatamente como os insetos diurnos, eles associam as áreas mais iluminadas com o céu e a liberdade. E, então, novamente, talvez se acomodem nas paredes porque pensam que é dia e caem no sono. Ou talvez fiquem atordoados com a luminosidade e não conseguem voar para longe dela porque qualquer outro lugar parece terrivelmente escuro. Algum dia, os psicólogos de mariposas talvez consigam fazer uma tomografia tão pequena que lhes permita enxergar o funcionamento do cérebro da mariposa. Até lá, devemos escolher de qual dos mitos das mariposas gostamos mais.

As lesmas preferem as folhas de alface

A sensação de ultraje pessoal que temos quando vemos uma lesma escolher as nossas folhas de alface preferidas, dentre tantas plantas que existem no jardim. Afinal, são apenas lesmas: por que não se contentam com folhas de grama? Como se atrevem a ser tão pretensiosas?

As lesmas preferem as folhas de alface às de grama exatamente pelo mesmo motivo que nós – elas são menos venenosas. No decorrer dos últimos 200 milhões de anos, as plantas criaram uma admirável coleção de substâncias químicas em suas seivas para se proteger de serem comidas. Estas incluem sais orgânicos e inorgânicos, minerais tóxicos, álcoois, alcalóides, compostos polifenólicos e salicílicos.

Alguns desses venenos foram adaptados por nós para nosso próprio uso, como os semivenenosos – tabaco, quinino, cafeína e cocaína, dentre muitos. Para outros, descobrimos um uso medicinal, tal como a aspirina, encontrada na casca do salgueiro, ou o digitalis, um estimulante para o coração (ou veneno, se você usar demais) derivado da dedaleira. Outros ainda foram cuidadosamente cultivados para se transformar em alimento – as batatas e os tomates são descendentes da mortal erva-moura (e você pode ver o quanto são intimamente ligados se comer batatas verdes, que são venenosas).

As alfaces pertencem à família dos girassóis. Foram cultivadas por pelo menos 2.500 anos para se tornarem tão doces e saudáveis, e é por isso que você, eu e as lesmas gostamos tanto delas.

Quanto melhor for para a saúde, pior o gosto

(Veja também "Bom para a saúde significa 'eca'", p. 37, e "Tudo de que a gente gosta é ilegal, imoral ou engorda", p. 93.)

O problema com os alimentos inócuos é que eles têm menos do que precisamos. Alguns dos venenos que acabei de mencionar são de fato bastante úteis. Vitaminas, betacaroteno, fósforo, cálcio e potássio são encontrados em quantidade maior nos vegetais mais escuros, de sabor mais acentuado.

Os modismos na alimentação mudam pouco e levam muito tempo para acontecer, porque os sentidos do paladar e do olfato são intimamente ligados à amígdala. A sensação de nojo nunca está muito distante (veja p. 37). Qualquer sabor que o nosso paladar classifica como "diferente" é abordado com cautela. Esta cautela é um mecanismo de sobrevivência: o que comemos pode nos envenenar e, uma vez lá dentro, não há muito que possamos fazer a respeito.

As crianças nascem com um certo critério instintivo, e seu gosto por comida simples é um reflexo disso. Elas vão torcer o nariz para muitas das coisas que os adultos adoram: *curry*, café, cerveja, mostarda, pimenta ou picles de cebola. Mas aceitam alegremente frutas, massas, leite, manteiga e pão. O cheiro de leite rançoso produz uma reação imediata de nojo, mas, se forem introduzidos da maneira certa, há dois tipos de leite azedo que as crianças irão aceitar – iogurte e queijo. Adquirir o gosto por alimentos mais exóticos é um ato social – as pessoas precisam da companhia tranqüilizadora de outras que estejam bebendo café e não caiam mortas antes de tentar algo assim tão imprudente.

Os bebês que ainda não nasceram são ainda mais exigentes. Quando a mulher está grávida, o embrião come o que ela comer; portanto, ela passa a tomar mais cuidado com o que ingere. Muitas vezes, as mães se sentem nauseadas com o cheiro de determinados alimentos. Muitos médicos acreditam que a náusea matinal é uma reação ultracuidadosa, que serve para proteger o feto do mais leve sinal de perigo de veneno na comida.

Ou a piscina aquecida é quente demais, ou a piscina fria é fria demais. Ou ambos

Os centros de lazer geralmente possuem duas ou mais piscinas, com temperaturas diferentes. Estas piscinas irão exercitar seu sistema de homeostase. O corpo funciona confortavelmente dentro de um limite muito pequeno de temperatura (20 a 24°C). O hipotálamo, no centro do cérebro, age para mantê-lo dentro desse limite. Se você se aquecer demais, os capilares irão aumentar na superfície da pele, levando o sangue para perto da superfície, a fim de ajudar a perder calor (você vai demonstrar isso ficando vermelho), a transpiração se inicia, para remover o calor através da evaporação, e, se o calor continua, você se torna letárgico, que é a maneira de o corpo desencorajá-lo a exercitar e ficar ainda mais quente.

Uma vez que você se adaptou dessa maneira à aconchegante piscina aquecida, a piscina fria vai parecer uma geladeira. O hipotálamo voltará a entrar em ação, reduzindo o fluxo de sangue nos capilares (você fica pálido), cessando a transpiração e, se você não começar a nadar vigorosamente, provocando tremores para produzir calor. Quando sua temperatura estiver novamente normalizada e os mecanismos de homeostase estiverem prontos para relaxar um pouco, um retorno à piscina aquecida irá deixá-lo chocado ao perceber o quanto ela esquentou.

Você é obrigado a entrar no mar quando a água está fria, e é obrigado a sair quando a água ficou quente e agradável

Tudo bem lidar com as temperaturas artificialmente controladas do centro de lazer, mas, lá fora, a céu aberto, tudo está no mesmo ambiente, então tudo não deveria ter a mesma temperatura? O mar não deveria ser tão quente quanto a areia? Afinal, o Sol está brilhando sobre ambos do mesmo jeito.

A luz do Sol não aquece o mar, nem o ar imediatamente acima; ele brilha através deles e aquece o solo, que, então, aquece o ar e a água através da condução. (Esta explicação está bastante simplificada; o Sol realmente aquece um pouco a água quando brilha através dela, mas não muito.) O solo aquece o ar mais depressa do que aquece o mar; portanto, mesmo se estiver sob o calor do Sol, você deveria ficar longe da água até um pouco mais tarde. (E não quero dizer mais tarde no dia, mas sim mais tarde no mês.)

Bem, então, dê um mergulho. Depois de algum tempo, você irá se adaptar e a água parecerá bastante agradável. Mas, então, está na hora de voltar para casa. É a Lei de Murphy para você.

Assim que você acende a luz dentro de casa, lá fora parece meia-noite outra vez

Você acordou um pouco antes do amanhecer, quando o céu lá fora está claro, mas não luminoso. Assim que acende as luzes do quarto, a escuridão de fora aumenta; parece que, quando você acendeu a luz de dentro, apagou a de fora.

Seus olhos se adaptam diretamente às condições de luz ajustando sua abertura. Quando está escuro, a íris se expande para permitir a maior entrada de luz no olho. A fraca luminosidade do céu lhe parece clara quando você a analisa com os olhos acostumados ao escuro. Quando a luz se acende no quarto, os músculos da íris entram em ação, cortando a claridade, porém reduzindo o exterior a uma relativa escuridão.

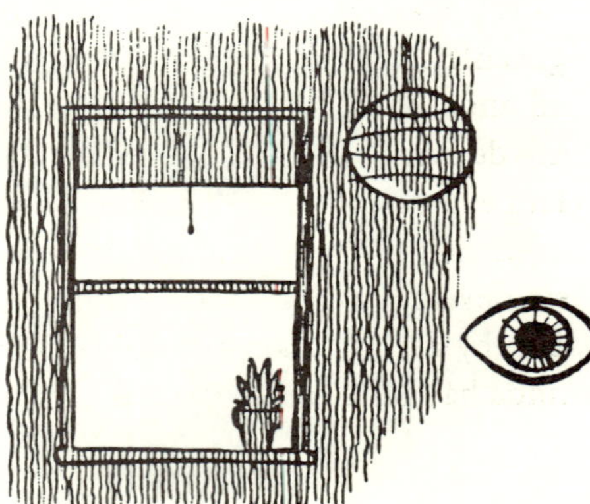

Como a pupila se dilata no escuro, mais claridade entra do exterior – parece luz. Quando a pupila se contrai na luz, menos luz externa penetra.

RESUMO

Ironicamente, quanto mais a ciência pura explica as estranhezas do mundo, mais vida retira delas. A verdade, como Marte, é cinzenta, sem graça e sem vida. Nós queremos que ela seja vermelha, romântica e cheia de gente. Sinto muito!

Muitas antigas histórias sobre o mundo não são apenas mais divertidas do que a ciência concreta, mas também parecem bastante plausíveis. Por exemplo, a teoria de Aristóteles sobre a gravidade é brilhante: o universo é composto de quatro elementos: terra, ar, fogo e água. Cada um deles tem o desejo de retornar ao seu lar natural: o fogo no céu, a terra sob o solo etc.. Então, quando a maçã cai da árvore é porque está voltando ao lar, para a Mãe Terra, enquanto as chamas sobem porque estão voltando para o céu. Tudo se encaixa. A teoria de Aristóteles não só estava completamente errada, mas também foi a única teoria aceita em dois mil anos.

Os poderosos pilares da ciência ingênua, do animismo e do egocentrismo mantiveram a ciência, nos dois sentidos, por dois mil anos, desde a época de Aristóteles até a Renascença. Gostamos de pensar que as maneiras antigas foram varridas pela mente clara e luminosa da Renascença, da Era da Razão e da Revolução Industrial; as idéias lúcidas e sérias de Copérnico, Newton e Einstein devem ter iluminado todos os cantos escuros. Mas as Leis de Murphy demonstram que ainda existem umas poucas sombras. Ainda há muito o que varrer e iluminar.

9
Lógica obscura

As Leis de Murphy, quando acontecem, deveriam nos lembrar do quanto conseguimos lidar bem com os acontecimentos no restante do tempo, quando eles não acontecem.

Afinal, não estamos trabalhando com o melhor dos materiais. A espécie humana foi remendada a partir de pedaços que sobraram depois da última extinção em massa. Antes daquele dia ruim, 65 milhões de anos atrás, houve muitos outros dias piores ainda, que muitas e muitas vezes quase acabaram definitivamente com a vida no planeta. E, desde então, tem havido mais secas, congelamentos, enchentes e bombardeios. A Terra e seus habitantes têm sido usados como um alvo cósmico de prática de tiro no decorrer dos seus 5 bilhões de anos de existência, e agora que a poeira baixou, aqui estamos **nós**, não o cintilante ápice de um tranqüilo processo de refinadora perfeição, mas sobreviventes do acaso, fugindo aos tropeços do alcance da artilharia. O fato de estarmos aqui é pura sorte. Se não fosse pelo meteoro Chicxulub 65 milhões de anos atrás, ainda seríamos nada além de petiscos de dinossauro. Por isso, não espere olhar para a máquina humana e encontrar a perfeição; espere sucata. Não tanto o *Homo sapiens* quanto o "Homo miscelânea".

E quanta sucata há nisso: refugos de DNA, 90 por cento do qual, nos disseram muitos geneticistas, são dejetos espaciais; pedaços de refugos orgânicos (olhe para os seus arrepios e se desespere); um cérebro-refugo, atulhado de excentricidades, comprometimentos e consertos rápidos. (Quem poderia sugerir, por exemplo, que o corpo caloso é uma boa idéia? O cérebro reduzido ao meio, forçado a pensar em duas metades. A fiação passando por toda parte – o ouvido esquerdo com seu córtex relacionado no lado direito do cérebro e vice-versa; o córtex visual na parte posterior do crânio, tão distante dos olhos quanto poderia ser.)

Os estranhos caminhos das Leis de Murphy demonstram esta mixórdia. O Capítulo 1 mostrou que não temos muita certeza do que estamos vendo, e o Capítulo 2, que somos incapazes de mensurar o que vemos. O Capítulo 3 demonstrou que temos lembranças confusas e obscuras, e o Capítulo 4, que as usamos para tirar as mais estranhas conclusões. Mas nada disso tem importância, porque o Capítulo 5 mostrou que acreditamos muito mais prontamente no que dizem as nossas emoções e, de qualquer forma, como demonstrou o Capítulo 6, o que pensamos é em grande parte ditado por aquilo que todas as pessoas que nos rodeiam acham que devemos pensar. Desde o *déjà-vu* até os padrões de votos, há obscuridade por toda parte.

Nada disso importava na paisagem paleolítica. Nos tempos em que a pedra lascada era vista com desconfiança como uma nova tecnologia, o mundo era muito simples, muito previsível, e, portanto, não havia lugar para as Leis de Murphy. (Aquele pão não poderia cair com a manteiga para baixo, por exemplo, até termos inventado várias coisas: a manteiga, a faca, o prato e, claro, o pão fatiado.)

Naqueles dias simples, o primeiro homem havia aprendido tudo o que precisava saber quando completava dez anos, e o mundo lhe fornecia muito poucas surpresas dali em diante. Os dias movidos a jato em que vivemos hoje nos fazem sofrer de *jet lag*. Fazemos o possível para aprender as novas maneiras assim que elas chegam, mas estaremos sempre derrapando nas esquinas.

Se, de algum modo, a mente que herdamos não foi suficientemente grande para os tempos modernos, em outras ela é grande demais. As urgências básicas – alimentação, luta, fuga e sexo – têm sido colocadas sob pressão pela civilização: a urgência de comer não é fácil de controlar num mundo repleto de sabores tentadores; a raiva no trânsito desencadeia nossos reflexos instintivos de lutar/fugir; e, quanto ao sexo, ainda é muito difícil dizer "Ok, já temos muitos filhos, agora vamos parar de fazer sexo" e desligá-lo.

Eis aqui um exemplo da mente derrapante tentando se segurar. Levamos muito tempo para nos acostumar com a grande inovação moderna dos desenhos animados. Bem no início do surgimento deles, Walt Disney descobriu que fazer com que os lábios estivessem em sincronia com a fala dos personagens no desenho de Branca de Neve não era nada fácil. Se os lábios das animações estivessem perfeitamente sincronizados com as palavras, a platéia perceberia um atraso nas palavras. Ao que parece, o cérebro humano estava lutando para entender essa novidade de animação, e isso fazia com que o senso de sincronia derrapasse. Walt Disney detectou o problema e fez a edição ligeiramente fora de sincronia, colocando o som das palavras um pouco adiante da figura. Isso ajudou os espectadores, todo mundo ficou feliz e os filmes pareciam estar sincronizados, muito embora agora estivessem um tanto fora de sincronia. As platéias modernas já aprenderam o meme do desenho animado, o cérebro trabalha mais depressa, e agora os primeiros clássicos de Disney parecem estar ligeiramente fora de sincronia.

Uma especial relevância às Leis de Murphy é a dificuldade de controlar nossos neurônios-espelho. Esta capacidade de empatia com o grupo que nos rodeia tende a transbordar para todo o ambiente – temos empatia com os objetos inanimados e, portanto, ficamos à vontade para nos ressentir deles quando não se comportam.

Então, este é o animal que está à solta no planeta; ele pensa o mínimo possível, carrega uma sacola de expectativas que, no todo, são preferíveis à realidade, tira conclusões apressadas com base em pouca ou nenhuma evidência e acha que os objetos têm alma. Você confiaria sua vida a uma mente como esta? Confiaria a ela um quebra-cabeça de madeira, pelo menos?

Se agora você está harmonizado com as Leis de Murphy, talvez descubra que elas pipocam muito mais do que antes, enquanto cuida de seus assuntos diários. Você pode fazer isso deliberadamente: convença-se de que as coisas que acontecem juntas são causadas umas pelas outras, e assim será; apenas como forma de exercício, diga a si mesmo que as pessoas um pouco distantes de você na verdade são pessoas pequeninas, ou que a escrita nesta página não é nivelada, mas encrespada, ou que aquele político em quem você realmente confia (se existir algum) está tramando secretamente a queda do governo, e então ficará surpreso ao ver o quanto é fácil para a realidade agir de acordo com a nova ordem.

E, ainda assim, a grande maravilha é que conseguimos fazer sentido de nove décimos do planeta em nove décimos do tempo. Deveríamos ser gratos por isso. As Leis de Murphy são apenas uma minúscula parte de nossa vida. Se encaradas de maneira positiva, elas podem ser uma grande parte da compreensão de como vivemos.

Apêndice I
Todas as Leis de Murphy

UNIVERSAIS

Tudo o que pode dar errado vai dar errado.

Qualquer coisa que pode dar errado vai dar errado.

Qualquer tentativa de melhorar as coisas só as piora.

Qualquer tentativa de não fazer nada, para que nada dê errado, vai dar errado.

A verdade raramente é pura, e nunca é simples.

DOMÉSTICAS

O suco do limão esguicha no seu olho.

A gente sempre cozinha arroz demais.

Se você fica olhando a panela, a água nunca ferve.

Bom para a saúde significa "eca".

Tudo acaba dentro da capa do edredom.

Sempre há uma colher de chá perdida dentro da pia cheia.

Os flocos de milho não cabem novamente dentro da caixa.

...o pó se deposita no fundo.

Os pratos quentes são exatamente iguais aos pratos frios.

Você não consegue impedir o caso de amor entre o molho de tomate e a camisa branca.

Quando você quer despejar algum líquido com todo cuidado, sempre acaba derramando.

A ponta da fita adesiva nunca está onde deveria.

O pão sempre cai com a manteiga para baixo.

Se você pisca, eles fazem um gol; se você sai para fazer xixi, eles fazem três gols; se é uma cobrança de pênalti, a tevê quebra.

Aquela coisa feia, pesada e inútil ficou guardada no fundo do armário por 20 anos. No dia seguinte em que você a joga fora, precisa dela com urgência.

Jogo da memória: a mesma carta aparece todas as vezes.

As lesmas preferem as folhas de alface.

Baterias usadas são atraídas por baterias novas.

Os picotes no papel higiênico nunca combinam.

Não importa o quanto a água esteja quente, você sempre sente frio quando sai do banho.

O espelho do banheiro fica embaçado exatamente quando você precisa dele.

A aranha da banheira fica maior a cada dia.

O patinho de borracha nada para baixo da torneira.

A cortina do banheiro está perseguindo você.

Os insetos passam o dia todo tentando sair de sua casa e a noite inteira tentando entrar novamente.

Assim que você acende a luz dentro de casa, lá fora parece meia-noite outra vez.

PESSOAIS

Assim que você diz alguma coisa, se for boa, ela desaparece; se for ruim, acontece.

Você pode observar muito, só olhando.

No caminho entre um cômodo e outro, a memória se apaga.

Os dedos que levam topadas demoram para perceber.

Nada dá certo quando há alguém olhando.

Quando está procurando alguma coisa, você volta ao mesmo lugar muitas e muitas vezes.

Você acorda dois minutos antes do despertador tocar.

A melhor maneira de se atrasar é ter tempo de sobra.

Tudo de que a gente gosta é ilegal, imoral ou engorda.

As únicas músicas que você não consegue tirar da cabeça são aquelas que nem deveria ter permitido que entrassem.

Depois que você ouve uma palavra nova, passa a ouvi-la o tempo todo.

Você se lembra do rosto, mas não consegue se lembrar do nome.

Na noite daquele grande encontro, uma espinha aparece bem na ponta do seu nariz.

Por mais que você penteie o cabelo, um fio sempre fica espetado.

Consciência: a voz interior que nos avisa que alguém pode estar olhando.

Quando suas mãos estão ocupadas, seu nariz começa a coçar.

Qualquer que seja o bufê, há sempre um prato a mais.

Quanto mais você olha o texto, menos entende as palavras.

Déjà-vu: é preciso ver para crer.

Você pensa em dez coisas importantes, que não pode se esquecer de fazer, no instante em que está caindo no sono.

O momento em que você está parado na beira de um abismo é o único em que precisa manter a cabeça fria, e o único em que não consegue.

O azar sempre vem de três em três.

A vida só pode ser compreendida se voltarmos para trás, e só pode ser vivida se seguirmos em frente.

Na juventude, os dias são curtos e os anos, longos; na velhice, os anos são curtos e os dias, longos.

As palavras que um homem jamais pode pronunciar e permanecer vivo: "Será que você não está com um pouquinho de TPM?"

Se seus pais gritam com você, é porque eles estão errados. Se eles não gritam com você, é porque você está certo.

A pilha do outro é uma bagunça; a sua é trabalho em progresso.

Contrate adolescentes, pois eles sabem tudo.

A música está muito baixa para você e alta demais para os outros.

A extensão de um minuto depende de que lado da porta do banheiro você está.

Os insetos sempre afundam no seu copo.

A piscina é mais funda do que você pensava.

Quanto melhor for para a saúde, pior o gosto.

SOCIEDADE

Só se podem prever as coisas depois que já aconteceram.

Percepção tardia é visão de 20-20.

Apenas as outras pessoas ganham na loteria.

A maioria das pessoas confunde complexidade com profundidade.

Os humildes poderão herdar a Terra, mas não o direito aos seus minerais.

Quando uma pessoa fala uma tolice, ela é tola. Quando cinco pessoas dizem uma tolice, elas são cinco vezes tolas. Quando 5 mil pessoas dizem uma tolice, você é tolo.

Se você disser a palavra "sexo" numa festa, todo mundo pára de falar.

É mais fácil ouvir um sussurro secreto do que um grito.

Uma mentira pode dar meia-volta ao mundo antes que a verdade tenha tempo de calçar as botas.

Ver para crer.

Crer para ver.

Eles sempre matam o mensageiro.

Toda notícia é má notícia.

As pessoas não querem dizer o que dizem, nem dizem o que querem dizer.

Caras bonzinhos acabam por último.

Os últimos caras não acabam bonzinhos.

Todo Beatles precisa do seu Ringo.

Qualquer homem mais certo do que o seu próximo constitui uma maioria de um.

Ninguém fica inteiramente triste com o fracasso de um amigo.

A morte de uma pessoa é uma tragédia; a morte de 5 mil pessoas é uma estatística.

Quanto mais longe ocorre o desastre, um número maior de mortos e feridos é necessário para que isso se transforme numa reportagem.

A democracia consiste em escolher seus ditadores depois que eles lhe disseram o que você achava que queria ouvir.

É uma pena que todos aqueles que sabem como governar o país estejam ocupados demais dirigindo táxi ou cortando cabelos.

A vida é o que acontece enquanto você está fazendo outros planos.

Tudo o que você lê no jornal é verdade, com exceção daquela história que, por acaso, você soube em primeira mão.

Pessoas de todas as partes confundem o que lêem nos jornais com notícias.

Uma mentira simples é melhor do que uma verdade complicada.

Os homens, às vezes, tropeçam na verdade, mas a maioria se levanta e segue em frente, como se nada tivesse acontecido.

A história é a versão de eventos passados com a qual as pessoas decidiram concordar.

Aquilo que é aceito por todos provavelmente é falso.

Cabelo liso precisa ser encrespado; cabelo crespo precisa ser alisado.

Quando as pessoas podem fazer o que querem, todas fazem a mesma coisa.

Eu amo a humanidade – são as pessoas que não consigo suportar.

Aqueles que respeitam a lei e gostam de lingüiça não deveriam ver como é feita qualquer uma das duas.

1. Você não pode vencer – 2. Você não pode empatar – 3. Você nem mesmo pode desistir do jogo.

    1. O capitalismo é baseado na pressuposição de que você pode vencer.
    2. O socialismo é baseado na pressuposição de que você pode empatar.
    3. O misticismo é baseado na pressuposição de que você pode desistir do jogo.

Quem ri vive mais.

TRABALHO

Os primeiros 90 por cento do trabalho tomam 90 por cento do tempo, e os últimos 10 por cento de uma tarefa ocupam os outros 90 por cento.

Nunca deixe o computador saber o quanto você está com pressa.

Cada solução abre a porta para um problema mais difícil.

Um homem com um relógio sabe que horas são; um homem com dois relógios nunca tem muita certeza.

Bastante pesquisa acabará comprovando a sua teoria.

Qualquer situação que exija sua total atenção ocorre simultaneamente com uma distração irresistível.

Os dedos que se esticam levam marteladas.

Comitê: um lugar aonde as boas idéias vão para morrer.

Um comitê é um grupo de pessoas que não conseguem decidir nada sozinhas, mas que, juntas, conseguem decidir que nada pode ser feito.

A abordagem do problema é mais importante do que a solução.

A estabilidade interna é mais valorizada do que a eficiência.

Se um problema provoca muitas reuniões, as reuniões acabarão por se tornar mais importantes do que o problema.

Uma conclusão é o ponto em que você chega quando já está cansado de pensar.

Os meios justificam os meios.

O segredo do sucesso é a sinceridade – se você consegue fingir que é sincero, está no caminho certo.

Um grama de imagem vale 1 quilo de desempenho.

Nada faz tanto sucesso quanto a aparência de sucesso.

A piada de um rico é sempre engraçada.

Qualquer pessoa popular está fadada a ser detestada.

Numa hierarquia, todo empregado tende a elevar o seu nível de incompetência.

Quando em dúvida, murmure; quando em dificuldade, delegue; quando no comando, pondere.

Qualquer pessoa pode tomar uma decisão se conhecer suficientemente os fatos; um bom administrador pode tomar uma decisão sem fatos suficientes; o administrador perfeito pode tomar uma decisão em completa ignorância.

Num sistema hierárquico, o valor do pagamento varia inversamente à chatice da tarefa.

Em toda empresa, haverá ao menos uma pessoa que sabe o que está acontecendo. Esta pessoa precisa ser despedida.

PAIXÃO

As paixões fazem bons servos e maus senhores.

A raiva transforma os enfadonhos em espirituosos, mas os mantém pobres.

Fale quando estiver com raiva e você terá feito o melhor discurso do qual já se arrependeu.

Quando você não tem dinheiro, o problema é comida. Quando você tem dinheiro, o problema é sexo. Quando você tem os dois, é a saúde. Se tudo está às mil maravilhas, você tem medo da morte.

O coração tem razões que a própria razão desconhece.

Uma mulher sem um homem é como um peixinho dourado sem uma bicicleta.

Homens – não se pode viver com eles; não se pode viver sem eles.

Um segundo casamento é o triunfo da esperança sobre a experiência.

Um solteiro é alguém que nunca comete o mesmo erro uma vez.

O tempo cura todas as feridas.

Um casamento bem-sucedido exige que você se apaixone muitas vezes, sempre pela mesma pessoa.

O amor não enxerga com os olhos, mas sim com a mente; por isso o cupido alado é retratado cego.

Muitas mulheres escolhem seus maridos sob uma ótica que não usariam para escolher um carro.

Quando o pênis se levanta, o cérebro voa pela janela.

O amor é um truque sujo, aplicado para garantir a continuidade da espécie.

A ausência diminui pequenos amores e aumenta os grandes, assim como o vento apaga a vela e aviva as chamas da fogueira.

A ausência torna o coração mais apaixonado.

Esquecemos nossos prazeres e lembramos os sofrimentos.

OBJET-IVIDADE

Os objetos se comportam melhor quando gritamos com eles.

Objetos inanimados se movem com rapidez suficiente para ficar no seu caminho.

A natureza sempre toma o partido da falha oculta.

No interior de qualquer pequeno problema existe um grande problema lutando para vir à tona.

As principais causas dos problemas são as soluções.

...quando um corpo está imerso em água, a campainha toca.

As Leis de Gerrold das Dinâmicas Infernais:

1. Um objeto em movimento sempre estará seguindo na direção errada.
2. Um objeto em repouso sempre estará no lugar errado.

Qualquer ferramenta, se derrubada, irá rolar para o canto menos acessível da sala.

A caminho do canto, qualquer ferramenta derrubada irá atingir primeiro o seu pé.

A Lua encolhe nas fotos.

As tábuas do piso fazem mais barulho justamente quando você quer andar em silêncio.

No escuro, há sempre mais um degrau do que você pensava.

Tudo custa um centavo a menos do que o preço razoável.

Enquanto você esfria, o planeta esquenta.

Existem apenas quatro números: 1, 2, 3 e um monte.

RODANDO POR AÍ

As portas da frente se fecham no instante em que você se dá conta de que deixou a chave do lado de dentro. Elas se fecham ainda mais rápido se você deixou também o guarda-chuva, do qual precisa porque está chovendo.

As previsões do tempo estão sempre erradas, erradas, erradas.

A ida sempre demora mais do que a volta.

Quando você viaja num feriado, todo mundo viaja. Quando você volta para casa, todo mundo volta.

Se você sai às 4 da madrugada para evitar o trânsito, todo mundo também sai.

Os atalhos são os caminhos mais longos.

Depois de ter entrado na rua errada uma vez, você continua errando sempre.

O lugar para onde você quer ir está na beirada do mapa rodoviário.

Uma vez abertos, os mapas não podem ser dobrados novamente sem o uso de tesoura.

Os sinais de trânsito estão sempre vermelhos quando você está com pressa.

O elevador nunca pára no seu andar.

Assim que você sai de bicicleta, todas as estradas são morro acima, o vento é contra e a chuva bate em seu rosto.

A paciência é algo que você admira no motorista que está atrás de você e despreza no que está à sua frente.

Sua fila sempre anda mais devagar do que as outras.

Quando você usa botas, as meias que não estão presas descem.

Se você decide ir a pé até o ponto de ônibus seguinte, o ônibus aparecerá exatamente quando você estiver no meio do caminho.

Os ônibus sempre chegam em três.

O tempo voa quando estamos nos divertindo.

Ou a piscina aquecida é quente demais, ou a piscina fria é fria demais. Ou ambos.

Você é obrigado a entrar no mar quando a água está fria e é obrigado a sair quando a água ficou quente e agradável.

As melhores pedras deslizantes estão mais longe da água.

Assim que você deita na grama para tomar Sol, todos os insetos do mundo começam a rastejar sobre você.

Quanto mais botões e luzes faiscantes, menor a utilidade.

Quanto maior a pechincha, mais dinheiro sai do seu bolso.

Não importa o que seja, o objeto que você comprou vai quebrar no dia seguinte ao término do prazo da garantia.

A primeira lei da publicidade é evitar a promessa concreta... e cultivar a encantadoramente vaga.

Há um otário nascendo a cada minuto.

Qualquer objeto parece útil até o momento em que você o compra.

O efeito macarrão: quando finalmente você resolve perguntar ao funcionário do supermercado onde está o macarrão, os pacotes estão ali, bem ao seu lado.

A fumaça da fogueira no acampamento sempre sopra em seu rosto.

Apêndice 2

O exame imagem por ressonância magnética funcional

O aparelho de imagem por ressonância magnética funcional (IRMf) é um grande benefício para se compreender o funcionamento do cérebro. Como é mais difícil analisar alguma coisa quando ela está funcionando bem, a história da pesquisa cerebral sempre envolveu o estudo de cérebros com problemas. Isso envolveu uma busca contínua por cérebros danificados que poderiam ser analisados, de preferência enquanto os seus proprietários ainda estivessem vivos. Nos primórdios das pesquisas, os campos de batalha eram uma excelente fonte para o estudo de cérebros danificados. Mais tarde, os acidentes industriais eram os maiores fornecedores. Recentemente, os veículos motorizados têm oferecido muitos espécimens. Tudo isso é, francamente, horripilante. Ficar sentado no pronto-socorro de um hospital esperando que pessoas semi-mortas apareçam não é exatamente uma boa ocupação para gente respeitável.

Mas, falando sério, alguém que se encontra em tal estado de traumatismo não está em condições de se comportar como uma pessoa normal. Ela já tem muitos problemas e eles não ficam melhores enquanto o neurocirurgião está cavucando dentro de suas cabeças. "Você nunca mais é o mesmo depois que o ar atingiu seu cérebro", é o lema dos neurocirurgiões.

O exame IRMf mudou tudo isso. Ele é capaz de estudar os processos de um cérebro normal enquanto acontecem, até mesmo quando as mudanças nos padrões de pensamento são minúsculas, e tudo isso sem precisar invadir o crânio de ninguém. Algo tão pequeno quanto a decisão de mover um dedo aparece na tela do IRMf. Finalmente, é possível observar o que acontece quando quase nada está acontecendo.

Como o nome sugere, as imagens por ressonância magnética funcionam com magnetismo. Quando uma área do cérebro está ativa, precisa de oxigênio. Ela puxa o sangue "vermelho" (oxigenado) e bombeia o "azul" (desoxigenado). Eis aí o truque: o sangue é levemente magnético, pois possui ferro em sua composição. (Você já viu sangue ressecado e pensou que parecia ferrugem? É por isso.) Ainda mais interessante, o sangue "azul" é um pouco mais magnético do que o "vermelho". A quantidade de magnetismo é pequena, claro, mas, se um imã suficientemente grande for usado, as mudanças no magnetismo podem ser medidas. A IRMf é um ímã circular, com 2 metros de diâmetro, com um buraco no meio, grande o bastante para caber o paciente. O ímã é tão poderoso que, se alguém usando um relógio se aproximar a uma distância de 2 metros, o relógio e também o braço da pessoa serão sugados diretamente para o buraco. Conectado a um poderoso computador, a IRMf pode fornecer imagens detalhadas em 3D de todos os processos cerebrais.

O exame pode ser usado para detectar tumores prematuramente, identificando áreas que exigem um maior suprimento de sangue. Mas é tão sutil que consegue até mesmo registrar que partes do cérebro estão ativas quando o paciente simplesmente pensa. Muitas das descobertas citadas neste livro só foram possíveis graças ao desenvolvimento do exame IRMf.

Referências

ASSIMILANDO TUDO: OS SENTIDOS

1 Cherry, E.C. (1953) "Some experiments on the recognition of speech, with one and two ears". *Journal of the Acoustical Society of America*, **25**, 975-79.

2 Sacks, O. (1985) *The Man Who Mistook his Wife for a Hat*. Londres, Duckworth.

3 Wiseman, R., Watt, C., Stevens, P., Greening, E. e O'Keeffe, C. (2003) "An Investigation into alleged 'hauntings'". *British Journal of Psychology*, **94**, 195-211.

4 Eysenck, M.W. e Keane, M.T. (1995) *Cognitive Psychology*. Hove: Lawrence Erlbaum Associates.

ENTENDENDO A MEDIDA

1 Citado em "Time Perception", no *Handbook of Experimental Psychology* (ed. S.S. Stevens). Nova York: Wiley, 1951, p. 1231.

2 Sacks, O. (1973) *Awekenings*. Londres: Duckworth.

3 Bloomer, C.M. (1976) *Principles of Visual Perception*. Nova York: Van Nostrand Reinhold.

LEMBRANÇAS

1 Rose, S. (1992) *The Making of Memory*. Londres: Bantam.

2 Nisbett, R. e Wilson T. (1977) "Telling more than we can know: verbal reports on mental processes". *Psychologial Review*, **84**, 231-59.

FAZENDO CONEXÕES

1 Roethlisberger, F.J. e Dickson, W.J. (1939) *Management and 65, 121-8 the Worker: An account of a research program conducted by the Western Eletric Company, Chicago*. Cambridge, Mass.: Harvard University Press.

2 "The Whole Truth". *New Scientist*, 182(2445), 1 de maio de 2004, p. 3.

3 Nader, K. (2003) "Memory traces unbound". *Tds in Neuroscience*, **26**(2), 65-72.

EMOÇÕES

1 Schachter, S. e Wheeler, L. "Epinephrine, chlorpromazine and amusement". *Journal of Abnormal and Social Psychology*, **65**, 121-8.

2 Bartels, A. e Zeki S. (2000) "The neural basis of romantic love". *Neuro Report*, **17**, 382-383.

3 Dutton, D.G. e Aron, A.P. (1974) "Some evidence for hightened sexual attraction under conditions of high anxiety". *Journal of Child Psychology and Social Psychology*, 30, 510-17.

4 Raine, A., Buschsbaum, M. e LaCase, L. (1977) "Brain abnormalities in murderers indicated by positron emission tomography". *Biological Psychiatry,* **42** (1), 95-508.

5 Glaser, D. (2000) "Child abuse and neglect and the brain". *Journal of Child Psychology and Psychiatry*. **41**(1), 97-116.

6 Horn, M. (2002) "Premenstrual syndrome as a criminal defense in the American legal system". *LA 401: Science, Technology and Human Values*. Baker University.

7 Sowell, E.R., Thompson, P.M., Holmes, C.J. et al. (1999) "In vivo evidence for post-adolescent brain maturation in frontal and striatal regions". *Nature Neuroscience*, **2**(10), 859-61.

8 Marsicano, G., Witjak, C.T., Azad, S.C. et al. (2002) "The endogenous cannabinoid system controls extincton of aversive memories". *Nature*, **418**, 530-4.

9 Heider, F. e Simmel, M. (1944) "An experimental study of apparent behaviour". *American Journal of Psychology*. **57**, (2 de abril), 243-59.

10 Damasio, A.R. (1994) *Descarte's Error: Emotion, Reason and the Emotional Brain*. Nova York, Putnam.

OPINIÃO PÚBLICA

1 Rizzolatti, G. e Arbib, M.A. (1998) "Language within our grasp". *Trends in Neurosciences*, **21**(5), 188-94.

2 Gopnik, A., Meltzoff, A. e Kuhk, P. (1999) *The Scientist in the Crib: Minds, Brains and How Children Learn.* Nova York: William Morrow & Co.

3 Watanabe, K. (1994) no *The Ethological Roots of Culture* (ed. R. A. Gardner et. al.). Dordrecht: Kluwerm, p. 81-94.

4 Sherif, M. (1935) "A study of social factors in perception". *Archives of Psychology,* **27,** 187.

5 Ekman, P., Davidson, R.J. e Friesen, W.V. (1990) "Emotional expression and brain psychology II: The Duchenne Smile". *Journal of Personality and Social Psychology.* **58**, 342-53.

6 Asch, S. (1946) "Forming impressions of personality". *Journal of Abnormal and Social Psychology,* **41**, 258-290.

7 Adler, R. (2000) "Pigeonholed". *New Scientist,* **167** (2258), 38.

8 Bargh, J. A., Chen, M. e Burrows, L. (1996) "The automaticity of social behaviour: direct effects of trait concept and stereotype activation on action". *Journal of Personality and Social Psychology,* **71**, 230-44.

9 Goldstein, J. S. (2001) *War and Gender: How Gender Shapes the War System and vice-versa.* Cambridge: Cambridge University Press.

10 Mbokasi, B., Visser, D. e Fourie, L. (2004) "Management perceptions of competencies essential for middle managers". *S.A. Journal of Industrial Psychology,* **30**(1), 1-9.

11 Milgram, S. (1963) "Behavioural study of obedience". *Journal of Abnormal and Social Psychology.* **67**, 391-8.

12 Zimbardo, P. (1973) "The Stanford prision experiment". *Cognition,* **2**(2), 243-55.

13 Asch, S.E. (1955) "Opinions and social pressure". *Scientific American,* **193** (novembro), 31-5.

14 Festinger, L. (1957) *A Theory of Cognitive Dissonance.* Nova York: Harper & Row.

15 Schechter, B. (2002) "Push me, pull me". *New Scientist,* **175** (2357), 24 de agosto, 45-7.

16 Holmes, B. (2001) "In search of God". *New Scientist,* ***170*** (2287), 21 de abril, 24.

CIÊNCIA PURA

1 Butterworthm B. (1999) *The Mathematical Brain.* Londres: Mcmillan.

Outras leituras

Um pequeno número de livros foi eficaz para mim, muitas e muitas vezes:

Joseph Le Doux. *The Emotional Brain,* Londres: Phoenix, 2004.

Richard Gross. *Psychology*. Londres: Hodder and Stoughtom, 2001.

Rita Carter. *Mapping the Mind.* Londres: Weindenfeld & Nicolson, 1998.

Rob Eastway e Jeremy Wyndham. *How Long is a Piece of String?* Londres: Robson Books, 2002.

_____. *Why Do Buses Come in Threes?* Londres: Robson Books, 1999.

Steven Rose. *The Making of Memory*. Londres: Vintage, 2003.

E, é claro:

Arthur Bloch. *A Lei de Murphy*. Rio de Janeiro: Record, 1982.

Índice remissivo

Este livro foi composto na tipologia Minion,
em corpo 11/14, e impresso em papel off-white
80g/m² pelo Sistema Cameron da Distribuidora
Record de Serviços de Imprensa S. A.

58 - ARMOR

78